Für meine beste

Freundin Anna!

Deine Biggi

Birgitt Schubert
Unterwegs nach Bethlehem
Erzählung
KLECKS VERLAG

Birgitt Schubert

UNTERWEGS NACH BETHLEHEM

Stationen eines Lebens

Erzählung

Inhalt

Und am Anfang war das (Vor)wort

»Und sie kamen eilend und fanden beide, Maria und Joseph, dazu das Kind in der Krippe liegen.«
(Luk.2, 16)

Der Anlass, diese Geschichte zu schreiben, war meine Brustkrebserkrankung im Jahre 2009. Und doch geht es nicht primär um das Erleben und Überwinden der Krankheit, wie es explizit im mittleren Teil des Buches beschrieben wird, sondern um mehr. Das Leben ist facettenreich und besteht aus vielen Phasen, es gibt immer ein Vorher und oft zum Glück auch ein Nachher. Wir erinnern uns auszugsweise und unterschiedlich intensiv an Erlebnisse, die uns prägen und unsere Standpunkte, unser Gefühl von Glück oder Unglück, unsere Planungen und Zukunftsvisionen beeinflussen. Und doch haben wir immer die theoretische Freiheit, umzudenken, uns ganz neu zu orientieren, dazu zu lernen, uns und unsere Geschichte zu verändern. Ich spreche von theoretischer Freiheit, da viele Menschen nicht an sie glauben. Sie sind verhaftet im Hier und Jetzt und in ihrer Vergangenheit. Sie meinen, »sowieso nichts ändern zu können«, »es ist nun mal, wie es ist«, sie sind » nun mal das Kind ihrer Eltern«, »das Leben ist ein Teufelskreis, aus dem man nicht ausbrechen kann« usw ... Sie verharren in ihren negativen Erlebnissen, berauben sich so aller Kraft und versperren sich selbst die Ausicht auf Neues.

Als Christin glaube ich an die innere Freiheit aus dem Glauben heraus; sie ist ein außerordentlich hohes und einzigartiges Gut. Da Gott mein Sinnstifter ist und die Bibel mein Maßstab für verantwortungsvolles Handeln – auch wenn ich diesem Maßstab oft nicht gerecht werde – bin ich frei von anderen Meinungen und Haltungen. Ich bin frei, zurück und nach vorne zu blicken, dankbar für nicht alltägliche gute Zeiten wie mein komplettes freies »Sabbatjahr« gemeinsam mit meinem Mann, und für außerordentliche Erlebnisse in der Zeit nach meiner Erkrankung, wie meine Leuchtturm-Hochzeit im fortgeschrittenen Alter und den Kauf und die Sanierung eines alten Bergischen Hauses unter mehr als ungewöhnlichen Umständen. Ich muss mich nicht reduzieren lassen auf meine Krankengeschichte, sondern darf mich in meinem gesamten geschenkten Leben, wo immer ich gerade unterwegs bin, als von Gott wertgeschätzt, getragen und gehalten wissen und sehen und ausprobieren, was warum und wie mit mir geschieht auf meinem Lebensweg. Denn es kommt nicht auf einzelne Geschehnisse an, sondern darauf, die mir geschenkte Freiheit zu nutzen und Gott zu gefallen, damit ich bei mir selbst ankomme, so wie ich gemeint und gedacht bin und wie es gut für mich und alle Menschen in meinem Umfeld ist.

Drei Kisten erzählen von drei wesentlichen Stationen in meinem Leben, die noch im späteren Lebensalter von über 50 Jahren eng aufeinander folgten. Es sind sehr unterschiedliche Kisten. Sie sind gelb, lila und weiß und sie haben Namen. Sie heißen »Sabbatruhe vor dem Sturm«, »Kahlschlag« und »Träumhochzeit« und wurden von mir während meiner Reise bestückt und gefüllt.

Im Schreiben habe ich ihren Inhalt neu gesichtet, erinnert und Stück für Stück wieder ausgepackt und präsentiert. Es sind ganz verschiedene Geschichten, die unter dem Eindruck des Glaubens entstanden sind. Und letzteres ist, was sie verbindet.

Insgesamt handelt es sich um die Geschichte einer Suche, einer brennenden Suche aus dem Glauben heraus, der trotz aller Zweifel, Anfechtungen und Dunkelheiten ein Teil von mir war und ist. Nein, es ist keine Suche im Irgendwo, kein Herumstochern im Nebel, ich suche gezielt in der Krippe. Täglich eile ich nach Bethlehem, es drängt mich zu sehen, ob das Kind noch da ist. Ich muss mich vergewissern, von Angesicht zu Angesicht, dass es sich nicht davongestohlen hat, nicht ausgetauscht wurde gegen ein Imitat, sondern dass Gott immer noch Gott ist, der mich tatsächlich getragen hat, als ich nur »eine Fußspur im Sand gesehen habe«.[1] Ich weiß, dass nur hier, im Angesicht der Krippe, mein aufgeregtes Herz zur Ruhe kommen kann.

Viele gehen nicht mehr diesen weiten Weg nach Bethlehem. Sie glauben zu wissen, dass die Krippe leer ist. Sie haben nur flüchtig hingesehen und keinen Krisenmanager vorgefunden. Da Gott keine Katastrophen in der Welt verhindert und persönliche Lebenskrisen zulässt, wähnen sie ihn ohnmächtig, weit weg und desinteressiert. Oder sie sind irgendwann aufgebrochen zu neuen Ufern, haben sozusagen nach einer angemessenen Zeit die Krippe hinter sich gelassen als Teil eines vermeintlichen Reifeprozesses. Ein diffuses anonymes Etwas im Irgendwo, genannt »Schicksal« oder »höhere Macht«, das keinen persönlichen Bezug zulässt, nicht herausfordert und damit auch keine Reibungsfläche bietet, ist an die Stelle des Kindes in der Krippe in Bethlehem getreten. Andere wiederum leugnen die Existenz der Krippe überhaupt, sehen sie an als das Phantasieprodukt einer bedürftigen Seele, von der sie sich abgrenzen wollen. Dabei sehe ich ihre Bedürftigkeit jeden Tag, im Beruf, in ihren Beziehungen, in ihren Schwächen, Einschränkungen und Krankheiten.

Ich weiß, dass ich »niemals tiefer fallen kann als in Gottes geöffnete Hände.«[2] Doch obwohl diese Gewissheit in meinem Leben am schwersten wiegt, unterscheide ich mich in meiner Bedürftigkeit dadurch noch in nichts von allen anderen. Diese Gewissheit schützt auch mich nicht vor Ängsten und Traurigkeiten, vor Torheiten und Irrwegen, vor Verlusten und Unglück. Meine Krankheit laste ich jedoch nicht Gott an. Nein, Gott wollte bestimmt nicht, dass ich Brustkrebs bekomme! Sonst wäre er nicht der Gott, an den ich glaube und den ich kenne. Aber Gott konnte mich vorbereiten und durch das Unvermeidliche tragen. Er konnte mir seine Engel schicken, Menschen, die mich begleitet und getröstet, mit mir geweint und oft auch gelacht haben. Und plötzlich war da Ruhe inmitten der Unruhe, Zuversicht inmitten der Angst und Gottes spürbare Nähe inmitten des Unfassbaren!

Auch ich bin eine Frau in »der Mitte des Lebens«[3], um es mit den Worten des gleichnamigen Buches von Margot Käßmann zu sagen. Sicherlich ist die Lebensmitte tatsächlich noch einmal ein ganz besonderer Zeitpunkt im Leben eines Menschen. Der Körper verändert sich, die Hormone geraten ins Wanken, die ständige Suche nach der Lesebrille gehört plötzlich zum Alltag und auf dem Nachttisch sammeln sich mitunter diverse Pillenpäckchen. Selbst die größten Optimisten wissen, dass mehr als die Hälfte des Lebens definitiv vorbei ist. Und wir fragen uns: welche Träume wollen noch gelebt werden? Großes soll vielleicht geschehen, aber schaffen wir es noch, die hierfür nötigen Energien zu entwickeln? Oder scheitern unsere Pläne vielleicht schon an der Lethargie des nächsten Morgens?

So ist meine Geschichte einer Suche zu guter Letzt auch einfach eine Geschichte von vielen, eine Allerweltsgeschichte sozusagen, zwar festgemacht an meinen ganz persönlichen Lebensereignissen, aber in ihrem Suchen nach Antworten auf die Frage nach dem Woher und Wohin sicherlich für die Mehrheit der denkenden, fühlenden und auf ein Gegenüber angewiesenen Menschheit von eben derselben Bedeutung.

Also gehe ich den langen Weg nach Bethlehem, rückblickend und auch wieder bereit, mit vorsichtigem Blick um die nächste Wegbiegung zu spähen. Was wird sein? Und kann ich Wegbegleiter gewinnen? Erkennt jemand die Attraktivität der Reise trotz mangelnder Werbung im

Reisekatalog und fehlender 5-Sterne-Garantie? Macht sich jemand mit mir auf, den einen Stern zu finden, den einzigen, der zählt? Das würde mich freuen. Denn der Weg ist weit und ungewiss und das Ziel verschwimmt manchmal im Nebel oder ändert plötzlich die Richtung, und ich weiß nicht, ob ich ihm tatsächlich näher komme. Denn erreichen kann man Bethlehem wohl nie so ganz, höchstens vielleicht mit ganz viel Glück am Ende eines gelebten Lebens.

1
Deutsche Fassung des Gedichts »Spuren im Sand«, Gießen 1996

2
Arno Pötzsch, aus dem Kirchenlied EG 533, »Du kannst nicht tiefer fallen als in Gottes geöffnete Hand«

3
Margot Käßmann, »In der Mitte des Lebens«, Freiburg im Breisgau 2009

1. Sabbatruhe vor dem Sturm

»Am siebten Tag hatte Gott sein Schöpfungswerk vollendet und ruhte von seiner Arbeit aus. Deshalb segnete er den siebten Tag und erklärte: Dieser Tag ist heilig, er gehört mir.«
(1. Mose/Genesis 2, 2 – 3)

Sechs Jahre hatten wir darauf hin gearbeitet, volle Stundenzahl bei nur sechs Siebtel Gehalt, das letzte Siebtel jeweils aufgespart für das siebte Jahr, sodass es sich bis dahin wieder summiert hatte zu fast einem Ganzen, einem ganzen Jahr Freiheit. Freiheit, die zu nutzen wir fest entschlossen waren. Wir durften ausruhen. Dieses Jahr gehörte uns.

Aber was fängt man mit einem freien Jahr an? Die, die uns nicht so gut kannten, spekulierten auf eine Weltreise. Auf jeden Fall ist man nicht viel zu Hause in so einer Zeit, nutzt die Gelegenheit, tausend Dinge zu tun, so dachten die meisten unserer wohlmeinenden arbeitenden Freunde, Bekannten und Kollegen neidvoll. Für die Mehrheit war es unvorstellbar, die gewonnene Zeit nicht gleich wieder durch geplante Aktionen zu füllen. Alles andere wäre doch Zeitvergeudung, oder? Ja und nein.

Natürlich wollten auch wir verreisen, nicht in ferne Gefilde, danach stand uns beiden noch nie der Sinn, aber zunächst vor allem für längere Zeit in unser geliebtes Nachbarland Holland, dessen Sprache wir nach drei

VHS-Kursen leidlich sprechen. Hier, von »unserer« Insel Texel aus, wollten wir auf »Leuchtturmsuche« gehen und ausprobieren, ob man es hier auch im Winter und langfristig aushalten kann. Außerdem wollten wir Ski fahren, außerhalb der Saison, zu adäquaten Preisen und ohne das übliche Schlangestehen an den Liften. Und zu guter Letzt überredete ich meinen Mann zu einer Reise nach Korsika mit Rückreise über Venedig im Frühsommer 2009; ein wenig wollte ich unseren üblichen Reiseradius dann doch sprengen.

Aber das war nicht alles. Ganz wichtig waren mir auch die Zeiten dazwischen, zu Hause, Raum haben für Muße und Besinnung, innehalten, die Stille und Ruhe genießen in der Vorweihnachtszeit, morgens eine Kerze anzünden und offen sein für den Tag.

Sich in Gedanken verlieren zu dürfen, ohne den Nachweis einer sinnvollen Tätigkeit erbringen zu müssen, stundenlang in Fotoalben blättern, hier und da ein wenig herumstöbern, zum Beispiel im Kleiderschrank, Klamotten aus alten Zeiten ausgraben und sie endgültig in den Altkleidersack packen.

Bedenken, was wirklich wichtig ist und es tun, sei es, ein klärendes Gespräch mit jemandem zu führen, einen längst fälligen Brief zu schreiben, eine Tante zu besuchen oder Zeit mit dem Enkelkind zu verbringen.

Gelebtes Leben Revue passieren lassen in der gefühlten Mitte des Lebens und prüfen, ob ein Weitermachen lohnenswert erscheint oder ob Veränderung nötig, möglich oder wünschenswert ist.

Eine Atempause haben. Und einfach »sein«.

Noch drei Zentimeter bis zum Countdown

Meine Sabbatkiste ist gelb, sonnengelb wie Licht und Leben. Meine darin verwahrten Schätze erzählen von den kleinen und größeren Ereignissen und Erlebnissen während unseres freien Jahres und unmittelbar davor.

Da wären zum Beispiel ... die Reste eines zerschnittenen Maßbandes.

Das Maßband hängt an unserer Kühlschranktür und wird jeden Tag um einen Zentimeter gekürzt. Jeder Tag ist ein Tag weniger bis zum Countdown! Jeden Tag erfreuen wir uns an dem kleiner werdenden Zahlenraum.

Im Januar 2008 wird das Warten zweistellig. Es ist der Monat, in dem wir beide Geburtstag haben und wie jedes Jahr mit Freunden einen Abend im Spielcasino verbringen. Dieser Tag ist mein Glückstag, denn ich gewinne auf der ganzen Linie und erziele mit einem Einsatz von 10 Euro einen Spitzengewinn von 360 Euro. Ich bin kein »cooler« Spieler. Ich habe kein Pokerface. Meine Erschütterung sieht man mir an. Mein Blick wandert ungläubig von der Roulettekugel, die wie selbstverständlich auf der 18 verharrt, zu der Leuchtanzeige, die bestätigend blinkt. Ich bin kurzfristig handlungsunfähig. Die Stimme des Croupiers, der schon leicht unwirsch fragt, wer denn auf die 22 gesetzt habe, erreicht mich nur knapp, und mit leiser, mir selbst fremder Stimme gebe ich mich zu erkennen und streiche taumelnd meinen Gewinn ein. Die vielen Gewinnchips in meinen Händen überfordern mich.

Ich suche das stille Örtchen auf, um in Ruhe und unbehelligt hinter der verschlossenen Kabinentür meine Chips zu bestaunen, zu sortieren und zu stapeln. Doch durch eine ungeschickte Bewegung gleiten mir die Chips plötzlich aus den Händen und verteilen sich auf dem Boden, einige kullern zu meinem Entsetzen durch den offenen Spalt der Toilettentür in den Vorraum, in dem sich wahrscheinlich gerade eine Hände waschende und womöglich verlustgeplagte Anzahl von Damen über den plötzlichen Geldregen freut. Ruckzuck bin ich vor der Tür und sammle ein. Zum Glück hält sich gerade kein Mensch hier auf!

Harald findet mich kurze Zeit später an der Bar sitzend, völlig aufgelöst, vor mir meine Chipstürmchen, gut abgeschottet vor eventuellen Zugriffen und mit fast leerem Cocktailglas. Erschreckt fragt er nach meinem Befinden. Er glaubt, ich habe Haus und Hof verspielt, was ja eigentlich nicht sein kann. Wir wohnen schließlich nur zur Miete. Harald bietet mir besorgt an, meine Chips in Verwahrung zu nehmen, bevor noch ein Unglück passiert, und mit übersichtlichem Einsatz spiele ich noch ein wenig weiter.

Es gibt Tage, an denen alles schief geht, es gibt das Unglück, das dich plötzlich überfällt, obwohl draußen die

Sonne scheint und die Nachbarn lächelnd grüßen. Und es gibt Tage wie diese, an denen es einfach kein Verlieren gibt. Ich spiele riskant, um meine Chips loszuwerden – es ist spät, alle warten schon – und gewinne doch! Als es endlich geschafft ist und sich mein Reingewinn noch einmal um ein Kleines vermehrt hat, gibt es natürlich eine Lokalrunde für alle, und zwar vom Feinsten, denn »heute darf's wirklich mal Kaviar sein.«[4]

Und da wäre weiterhin ... eine Einladung zum 90. Geburtstag.

Standing Ovations für Elli, die Mutter meines Mannes, eine bemerkenswerte Frau.

Sie lebt in einem ansprechenden Seniorenzentrum in Stuttgart, agiert dort noch völlig selbständig in ihrer kleinen Wohnung, die sie bis vor einigen Jahren noch mit ihrem inzwischen verstorbenen Mann geteilt hat. Manchmal kocht sie noch selbst. Wenn sie keine Lust hat und ihr der Speiseplan der Heimküche zusagt, lässt sie sich bedienen. Fast jeden Sonntag spielt sie bei den heimeigenen Gottesdiensten die Orgel. Eigenständig transponiert sie die Kirchenlieder, die vielfach für die Heimbewohner eine viel zu hohe Tonlage haben.

Und nicht nur für diese. Man kennt das ja. Ist man nicht gerade ein begnadeter Sänger, so streicht man zumindest bei den älteren Kirchenliedern spätestens bei der zweiten Strophe die Segel. Elli kennt das gesamte Repertoire an Liedgut. Sie singt gerne, soweit sie noch kann. Und sie ist gläubig. Diese Tatsache verbindet uns. Sie ist außerdem katholisch. Diese Tatsache trennt uns. Der Katholizismus ist für mich rundum suspekt. Der Unfehlbarkeit des Papstes oder beispielsweise dem Zölibat kann ich nichts abgewinnen. Ich denke an die fast permanenten Missbrauchsvorwürfe katholischer Geistlicher, wie sie uns viel zu oft in Presse und Fernsehen begegnen. Ich denke an den einen oder anderen katholischen Gottesdienst, dessen Liturgie mir fremd ist und in dem ich mich unwohl fühle. Kirche ist für mich zuallererst auch immer da, wo mindestens zwei Menschen versammelt sind, weil sie an den einen Gott glauben, gemeinsam über ihn und mit ihm sprechen, dabei das Göttliche in sich selbst immer wieder entdecken, fördern und entfalten können, sodass Dinge, Umstände und Zustände positiv bewegt werden.

Ich weiß nicht, wie Elli im Einzelnen denkt. Wir gehen selten ins Detail. Dafür sehe ich sie auch zu wenig. Wenn wir sie besuchen, lassen wir das Verbindende überwiegen, meistens bei einem Gläschen Likör aus heimeigener Herstellung. Sie zeigt mir das Programm für den nächsten Sonntag und den Geburtstagsgruß vom Bischof. Im bischöflichen Generalvikariat hat sie jahrelang als Sekretärin gearbeitet. Und sie hat es gern getan. Aus Erzählungen weiß ich, dass Ellis Charakter sich früher, in der Familie mit vier Kindern, durch Strenge und Disziplin ausgezeichnet hat. Sie hatte klare Vorstellungen von der Erziehung ihrer Kinder, von der Notwendigkeit, z.B. ein Musikinstrument zu beherrschen, von gemeinsamen Kirchgängen und Spaziergängen am Sonntagnachmittag. Noch heute erinnert sich mein Mann an die schrecklichen Sonntage, an denen er nicht tun durfte, was er immer tat: nämlich Fußballspielen. Der Vater war der Lebemann, der gerne trank und rauchte und gelassen dem Tag entgegenblickte. Hier musste Elli ausgleichen.

Heute ist auch sie gelassener. Und weicher. Und weniger pragmatisch. Sie lässt sich schon mal einen Blumenstrauß schenken – ich liebe bunte Blumensträuße – obwohl der eigentlich zu nichts nütze ist. Sie lässt ihre Kinder so wie sie sind und akzeptiert, dass ihre Pläne überwiegend nicht aufgegangen sind. Die Söhne spielen kein Instrument. Und bekennen sich zu keinem Glauben.

Die engste Beziehung hat sie zu ihrer Tochter, die vor Ort ist und sich um die alltäglichen Belange kümmert. Sie hat Familie, und auch die beiden erwachsenen Söhne schauen bei Oma immer mal wieder nach dem Rechten.

Elli steht nach wie vor aufrecht im Leben, obwohl sie geschrumpft und ihr Rücken von der Last des Alters gebeugt ist. Das ist es, was mich an ihr beeindruckt. Sie hat nie resigniert, trotz Kriegs- und Nachkriegszeiten, Flucht und Vertreibung und schwerer privater Schicksalsschläge. Und sie hat ihre Eigenständigkeit und Persönlichkeit bewahrt bis ins hohe Alter. Obwohl sie sich freut, wenn wir kommen, ist sie nicht wirklich angewiesen auf Besuch. Sie lebt nicht nur für die Stunden im Kreise ihrer Familie, fordert keine Zuwendung ein, zieht es selbst am Heiligen Abend vor, für ihre Mitbewohner während des Gottesdienstes die Orgel zu spielen statt mit ihrer Tochter und deren Familie zu feiern.

Trotzdem und wohl gerade deshalb bekommt sie noch häufig Besuch, der auch manchmal über Nacht bleibt, z.B. von der noch älteren Freundin aus Tschechien oder von ihrer Gitarre spielenden und singenden Lieblingsnichte aus Hamburg, die mit ihr den Platz im Speisesaal und den Gottesdienst teilt und auf dem Sofa nächtigt. Ein ungewohntes Arrangement für eine Frau, die auf die 90 zugeht!

Die heute sogar genau 90 Jahre alt wird. Heute feiern wir im Speisesaal des Seniorenzentrums mit der gesamten Familie, d.h. auch mit allen Cousinen und Cousins, die reichlich vorhanden und auch alle gekommen sind. Natürlich werden Noten verteilt und Lieder zur Gitarre gesungen. Der musizierende Teil der Verwandtschaft ist heute in der Überzahl, und der eine oder andere muss sich fügen. Elli singt mit. Sie kennt alle Strophen auswendig. Sie freut sich, denn diese Geburtstagsfeier ist eine Feier nach ihrem Geschmack.

Von uns bekommt sie eine Zeitung aus ihrem Geburtsjahr 1919, und wir lassen in einem längeren Diavortrag die Zeit von ihrer Geburt bis heute, persönliche Ereignisse und Bilder Revue passieren, parallel zu geschichtlichen und gesellschaftlichen Ereignissen der jeweiligen Zeit. Dieses Geschenk erforderte viel Zeit und Vorbereitung, aber wir hatten viel Spaß und Freude dabei, denn unser Geschenk sollte etwas Besonderes sein für eine besondere Frau!

Elisabeth, so denke ich heute noch einmal an dich als eine Frau, die aus der Masse herausragte, die ihr Leben und ihre Überzeugungen gelebt hat, die präsent war bis zum Schluss und einzig angewiesen auf den Gott, der sie zum Ende des Kalenderjahres 2008 zu sich holte, nachdem sie drei Tage vorher noch die Orgel gespielt und einen Tag vorher ihre Wäsche gewaschen hatte. Es ist schade, dass es dich nicht mehr gibt, doch sind solche Gedanken egoistischer Natur. Es ist gut, dass deine körperlichen Gebrechen beendet sind und du am Ende eines langen Lebens zu Hause angekommen bist.

Und ich fische aus meiner gelben Kiste … den »Sabbatjahrsammelsack«, die guten Wünsche lieber Kollegen und das Buch von Francois Lelord, der über »Hectors Reise oder die Suche nach dem Glück« schreibt:

»Glück ist, wenn man richtig feiert.«[5]

Ruckzuck vergeht die Zeit, und plötzlich sind es nur noch wenige Wochen bis zum Tag X.

Anlässlich unserer Sabbatparty falten zwei Freundinnen vor unseren Augen einen großen weißen Sack auseinander, der beidseitig von oben bis unten beschriftet ist. Sie wollen von A wie »Andenken« bis Z wie »Zauber« über alles Bescheid wissen, was wir am Ende des Jahres erlebt haben, und wir sollen bitte für die spätere Berichterstattung zwecks besserem Verständnis und zur Illustration Erinnerungsstücke sichten, sammeln und »einsacken«. Wir freuen uns über die originelle Idee!

»Glück ist, wenn man sich rundum lebendig fühlt.«[6]

Und ich möchte gern hinzufügen: Lebendig fühlt man sich, wenn man gemeinsam singt, auch wenn man nicht immer den richtigen Ton trifft. Meine lieben Kollegen aus dem Lehrerchor, die mich mit einem persönlichen Lied, zwei CDs und dem auf zitronengelber Karte aufgedruckten Wunsch »Genieße jeden Tag und freue dich an den schönen Dingen des Lebens« verabschieden, wissen das. Zusammen singen und swingen weckt die Sinne und die Lebenslust, selbst nach einem anstrengenden, Kraft raubenden Schulvormittag. Unser Lehrerchor wird von einer jungen Kollegin geleitet, die noch viel Idealismus und neben der musikalischen natürlich auch eine sonderpädagogische Ausbildung hat. Sie weiß (meistens), wie sie uns immer wieder Mut macht, selbst die schwierigsten Stücke noch einmal zu probieren, erklärt uns, wann wir besser nicht Luft holen sollen und erträgt unsere schiefen Töne mit Humor und der Überzeugung, dass wir es am Ende packen werden. Unsere Auftritte sind gefragt, nicht, weil wir so gut sind, sondern weil es immer etwas zu lachen gibt. Wir singen bei Weihnachtsfeiern, bei runden Geburtstagen, Hochzeiten und anderen Gelegenheiten, manchmal in Mönchskutten, manchmal mit Zylinder oder alle in elegantem schwarz-weißem Outfit, je nach Anlass und den speziellen Wünschen der Kollegen.

Den Lehrerchor werde ich vermissen! Aber für die anderen schönen Dinge des Lebens habe ich jetzt so viel Zeit wie selten. Und da auch wir finden, dass »Sonne und Meer ein Glück für alle Menschen sind«[7], starten wir schon bald zielgerichtet durch …

Suchen: Muscheln und Leuchttürme

Ich nehme meine Kiste und packe aus ... Muscheln, Muscheln und nochmals Muscheln.

Die Muschelsuche ist eine wichtige Sache, die wir äußerst ernst nehmen. Mindestens jeden zweiten Tag verbringen wir an einem der Strände unserer Lieblingsinsel Texel, die jetzt für drei ganze Monate unser Zuhause ist, und das zunächst bei schönstem Spätsommerwetter.

Bewaffnet mit Tüten und Rucksack wandern wir, den Blick am Boden, mal in die eine Richtung und mal in die andere. Da wir schon so viele Muscheln haben, brauchen wir eigentlich keine mehr. Es geht nur darum, die besonders großen oder die mit besonders schöner Zeichnung zu finden, wobei unsere Meinungen diesbezüglich manchmal auseinander gehen. Wir sind schließlich Konkurrenten, und so mancher Fund wird zunächst verborgen, um ihn dann zum Schluss mit Triumphgeschrei zu präsentieren und als Tagessieger hervorzugehen. Zu Hause angekommen, stellt sich manchmal leider heraus, dass sich unsere Schätze, die bereits überall auf den Fensterbänken und sonstigen Ablageflächen ausgestellt sind, eigentlich doch nicht so sehr von den neuen Mitbringseln unterscheiden. Aber egal! Morgen ist auch noch ein Tag, und der große Knüller kommt bestimmt, sei es in Form einer völlig ungewöhnlichen Muschel oder eines Steines oder sonst einer Kuriosität.

Oft auch unternehmen wir lange Spaziergänge im alten und im neuen Land. Ständig entdecken wir Neues, und unser Wahrzeichen, die weiße Kirche von Den Hoorn, begrüßt uns bei unserer Rückkehr immer wieder aus einem anderen Blickwinkel.

Zu Hause gibt es nichts Schöneres, als einfach nur dazusitzen und von drinnen oder draußen den Blick schweifen zu lassen auf das weite Land, das sich mit seinen riesigen Weideflächen und unzähligen blökenden Schafen von unserer Terrassentür bis hin zum Horizont erstreckt. Hier kann man zur Ruhe kommen und die Seele baumeln lassen.

Nur selten wird man aus dieser Ruhe aufgeschreckt, weil die akute Notsituation eines Schafes schnelles Handeln erfordert. Es handelt sich bei den Texelschen Schafen nämlich um eine besondere Züchtung, die angeblich zu besseren Fleischerträgen führt; die Schafe sind leider weder besonders attraktiv – aus der Ferne haben sie eher eine verblüffende Ähnlichkeit mit Schweinen – noch sind sie besonders beweglich. Fallen sie durch eine ungeschickte Bewegung auf ihren unverhältnismäßig breiten Rücken, so kommen sie oft nicht aus eigener Kraft wieder auf die Beine. Wird ihnen nicht von Menschenhand geholfen, so versagen innerhalb kürzester Zeit die Organe komplett und das Tier stirbt. Ein Texelaner weiß das.

Es ist keine Seltenheit, dass selbst der Busfahrer anhält und ohne Rücksicht auf seinen Fahrplan und die Fahrgäste zur Tat schreitet, wenn er irgendwo in der Ferne vier Beine erspäht hat, die hilflos in die Luft ragen.

Unsere deutschen Freunde hingegen sind dumm und unwissend. Sie kommen uns übers Wochenende besuchen und glauben die Geschichte mit den Schafen einfach nicht. Dass die Schafe ziemlich hässlich sind, finden sie zwar auch, aber alles andere kann sich ihrer Meinung nach nur ein nutzloses, von allen alltäglichen Pflichten entbundenes Hirn ausgedacht haben, um der rechtschaffenen arbeitenden Bevölkerung einen Bären aufzubinden. Die »umgedrehten Schafe« werden zum Running Gag, und das hat sich bis heute nicht geändert.

Die Muschelsuche nimmt uns so in Anspruch, dass wir mit der Leuchtturmsuche nicht so recht vorankommen. Letztere betreiben wir bald auch nur noch halbherzig, denn sie erweist sich mehr und mehr als unrealistisch. Das Preis-Leistungsverhältnis der zu erwerbenden Immobilien entspricht einfach nicht unseren deutschen Ansprüchen. Ein »Häuschen« in Leichtbauweise allein als Feriendomizil zu erwerben, ist schlichtweg zu teuer. Und vor einer dauerhaften Veränderung mit allen Konsequenzen schrecken wir dann doch zurück. So gut uns die Insel auch gefällt, selbst jetzt im November, sehnen wir uns dennoch nach dem Rummel unseres verkorksten Großstadtzentrums, in dem jetzt bald der Weihnachtsmarkt beginnt, die Bettler Hochsaison haben und die zu erwartenden Menschenmassen ein entspanntes Shoppen infrage stellen.

Wir sehen uns zwar noch das eine oder andere Objekt an, aber im Grunde unseres Herzens wissen wir irgendwann, dass unser »Leuchtturm« hier vorerst nicht zu finden ist.

Vielleicht ist die Zeit noch nicht reif dafür, oder er steht ganz woanders? Schön wäre nur, ihn überhaupt noch irgendwann in diesem Leben zu finden, als was er sich am Ende auch immer entpuppt!

Pistenspaß bei Supersaxo

Ich nehme meine Kiste und packe aus ... eine platt gefahrene Brille, ein »Schnapsglaserl« und diverse Pistenpläne mit Schweizer Panorama, Zeugnisse bayrischer Gemütlichkeit und dem landschaftlichen Charme der Schweiz.

Zur Feier des Tages bzw. des Jahres habe ich mir neue Carving-Skier gekauft. Sie sind kürzer als meine alten und vermitteln mir das Gefühl, mindestens eine Klasse besser zu fahren. Selbst schwarze Pisten lassen sich müheloser und angstfreier bewältigen. Außerdem übertreffen die fast leer gefegten Pisten in Lenggries am Brauneck und die flächendeckende bayrische Freundlichkeit und Gemütlichkeit unsere kühnsten Erwartungen. Sogar die Sonne scheint, sodass wir unsere Hüttenpausen dick verpackt, aber ohne Sturmhauben im Liegestuhl bei einem »großen Braunen« und diversen Leckereien genießen können. Sogar Schnaps wird bei den Bayern auf der Hütt´n schon mittags feilgeboten. Und kauft man ihn nicht, bekommt man ihn halt geschenkt. Was soll man da machen, wenn man kein Spielverderber sein will? Den ersten trinken, den zweiten heimlich wegschütten, aber ganz heimlich bitte! Auf jeden Fall macht so das Skifahren einfach nur Spaß! Wir genießen jeden Tag.

Auch Haralds platt gefahrene Brille kann uns die gute Laune nicht verderben. Als wir eines Nachmittags nach der letzten Abfahrt in gewohnter Manier bis vor unser geparktes Auto gleiten, die Skier abschnallen, uns der Skischuhe entledigen und in die erlösenden Straßenschuhe schlüpfen, schließlich nach dem ganzen üblichen Prozedere endlich im Auto sitzen, wenden und losfahren, vermisst Harald plötzlich seine Brille. Wir halten, suchen zunächst im Auto alles ab, fahren die paar Meter zurück, suchen auf dem Parkplatz im Schnee. Da sticht mir plötzlich ein Drahtgeflecht ins Auge, das sich nach genauerem Hinsehen tatsächlich als das verloren gegangene Objekt erweist. Ein Glas fehlt komplett, das andere ist vollkommen zerkratzt, das Gestell verbogen. Es steht fest, dass diese Brille gnadenlos überrollt wurde und nicht mehr zu gebrauchen ist. Kurzum: ein Fall für die Sabbatkiste!

Zwei Monate später sind wir erneut in Sachen Skifahren unterwegs. Diesmal geht es in altbekannte Gefilde, nach Saas Fee in die Schweiz. Hier haben wir uns vor rund zwölf Jahren kennen und lieben gelernt. Hier haben wir unsere Freundschaftsringe gekauft. Sie sind aus mattem Edelstahl, schließen sich vorne nicht ganz, und in dem verbleibenden schmalen Spalt befinden sich je drei bewegliche kleine Perlen. Bei Harald sind sie silbern, bei mir dunkelrot. Eine der Perlen ist mir allerdings aus unerklärlichen Gründen abhanden gekommen und ich habe vor, mich vor Ort um Ersatz zu bemühen.

Hier wirkt alles unverändert. Auch wenn die Jahre vergangen sind, die Einheimischen und ihre Namen sind geblieben, die da »Bumann«, »Zurbriggen« oder »Supersaxo« lauten, ein Merkmal der Beständigkeit, das immer sofort eine beruhigende Wirkung auf mich ausübt, sobald ich aus dem Dunkel der riesigen Tiefgarage ins Licht trete, um mich per Elektroauto zu meiner Unterkunft bringen zu lassen. In der Tiefgarage ist Endstation für alle regulären Fahrzeuge, denn Saas Fee ist ein autofreier Ort. Der Besitzer unseres Ferienhauses ist ein »Supersaxo«. Das Gepäck wird in den offenen Hänger gepackt und passt so gerade. Die Frage bleibt, wo wir beide noch Platz finden sollen, denn vorne neben Herrn Supersaxo kann nur noch eine Person sitzen. Aber alles kein Problem, alles schon gehabt, und ab geht´s mit Harald in den Hänger. Der sieht ein wenig unglücklich aus, wie er da im hinteren Teil so zwischen Vorratskiste und Skischuhen eingequetscht nur unwesentlich aus dem Gepäck herausragt, die Beine über der Laderampe und gegen den Impuls ankämpfend, doch lieber abzuspringen und zu Fuß weiter zu gehen. Doch inzwischen sind wir auf dem verschneiten und vereisten Steilstück zu unserer Hütte angelangt, und etwaige Versuche in dieser Richtung bergen ein unkalkulierbares Risiko. Ich blicke also misstrauisch und sorgenvoll immer wieder nach hinten, um mich zu überzeugen, dass die doch etliche Kilo umfassende Ladung inklusive meines Liebsten, der ja nun auch im Laufe der Jahre und infolge seines nun heroischen Nichtraucherdaseins einige Pfunde mehr auf die Waage bringt, dem Berg standhält. Supersaxo lacht und chauffiert uns unbekümmert und sicher bis vor die Tür unseres Feriendomizils.

Auch dieser Skiurlaub im März 2009 wird uns in guter Erinnerung bleiben. Auch hier werden wir verwöhnt durch leere Pisten, keine Warteschlangen an den Liften und überwiegend optimale Schneebedingungen. Die zwei Tage, an denen die Loipen wegen der Wetterbedingungen geschlossen sind, verbringen wir mit gemütlichen langen Wanderungen, einer Schlittenpartie, in einem Café des Dorfzentrums bei dem unvergleichlichen Schweizer Birchermüsli und natürlich mit Shoppen. Mein Ring erhält eine neue Perle. Sie ist aber nicht rot, sondern silberfarben wie Haralds und sitzt in der Mitte zwischen den beiden roten. Gefällt mir eigentlich ganz gut. Fühlt sich an wie eine kleine Auffrischung oder Aufwertung – vielleicht auch unserer Beziehung?

Stromausfall und Hasentod

Ich nehme meine Kiste und packe aus ... ein Erinnerungsfoto von Jan Wellem und mir, eine »Hasendecke« sowie 5 Euro Trinkgeld.

Wir haben ein Jobangebot bekommen, und das mitten im Sabbatjahr! Und wir haben es angenommen, denn es beinhaltet einen weiteren kostenlosen Aufenthalt in Den Hoorn auf Texel. Unsere netten Vermieter – wir haben uns über Jahrzehnte kennen und schätzen gelernt – haben so viel Vertrauen zu uns, dass sie, die selbst auch mal Urlaub machen wollen, uns die Verwaltung ihrer Ferienanlage inklusive der Versorgung aller Tiere für 14 Tage überlassen.

Im Haus gibt es zwei Katzen: eine vom Typ Streuner, die nur selten zu Hause ist, und eine vom Typ Schmusekatze, die permanent menschliche Nähe sucht. Letztere, ein rotgestreifter Tiger, rennt schon im Galopp auf uns zu, sobald sie uns nur schemenhaft zu erkennen glaubt.

Vor unseren Füßen bremst sie abrupt ab, wirft sich auf den Rücken, streckt alle Viere von sich, maunzt und möchte gestreichelt werden. Ich bin begeistert, denn ich habe eine über Generationen vererbte Katzenphobie – die weibliche Linie – und habe vor noch nicht allzu langer Zeit den Raum verlassen, wenn sich eine Katze darin befand; konnte auch draußen im Sommer kaum ein Essen genießen, wenn wenige Meter von mir entfernt eine

Katze um die Tische strich. Aber es ist ja Veränderung angesagt, wie ich jedermann großspurig verkünde, und damit wird es wohl auch Zeit, solche albernen Ängste zu bekämpfen. Konfrontation ist ein Weg, das kennt man ja. Ich widerstehe also dem Impuls, wegzulaufen und entgehe so der Gefahr, unter dem Titel »Deutsche Urlauberin auf der Flucht vor harmlosem Kätzchen auf Kopfsteinpflaster übel gestürzt« im Texelaner »Dagblad« zu erscheinen. Stattdessen beuge ich mich zu Jan Wellem herunter, kraule ihn halbherzig mit spitzen Fingern und bemühe mich um Vermeidung von Augenkontakt. Zum Glück für uns beide bin ich nicht allein, denn die von Herrchen und Frauchen vorübergehend verlassene Katze fordert schon ein bisschen mehr Zuwendung ein! Immerhin, ich war tapfer und »Mann« ist stolz auf mich! Irgendwie habe ich fast so etwas wie eine Beziehung zu diesem blöden Vieh entwickelt, das ich nun tagtäglich auch noch füttere (gehört zur Therapie)! Und so geschieht es, dass das allabendliche Kratzen an unserer Verandatür mit der eindeutigen Botschaft schließlich doch mein verstocktes und ängstliches Herz erreicht und ich die Tür öffne, um Jan Wellem hereinzulassen. Nein, ich werde nicht tot umfallen! Gar nichts wird passieren, und das einfach deshalb, weil man nicht tot umfällt, wenn eine Katze den Raum betritt! Basta! Und tatsächlich, »unser« einsamer Kater marschiert zutiefst zufrieden, erhört worden zu sein, einmal durchs Zimmer, verweilt vor einem offensichtlich gemütlich erscheinenden Korbsessel mit schönem Kuschelkissen darauf, springt hinauf, rollt sich ein und schließt die Augen. Das Essen wird aufgetragen und ich esse Spaghetti Carbonara im unmittelbaren Angesicht des Feindes, zum Erstaunen meines Mannes und noch viel mehr zu meinem eigenen! Dass das Katzenthema einen breiten Raum in meiner Wahrnehmung einnimmt, liegt in der Natur der Sache. Es gibt jedoch noch etliche andere Tiere, die unserer Sorge und Aufmerksamkeit ebenfalls und noch viel mehr bedürfen, als da wären: etliche Hühner, von denen eines hinterm Haus auf insgesamt 16 Eiern hockt und sich über dem permanenten Brüten jeglicher Lock- und Fütterungsversuche hartnäckig widersetzt, sechs Schafe und zwei Hasen. Letztere tummelten sich bis zur Abfahrt unserer Auftraggeber putzmunter und scheinbar gesund in ihrem großen Käfig. Nur einen Tag später jedoch stellt der Braune plötzlich das Fressen ein, eine ernstzunehmende Angelegenheit, wie wir nach Befragen mehrerer kompetenter Personen erfahren. Ein belgischer Gast erzählt von vergleichbaren Fällen im eigenen Kaninchenstall, ebenso wie eine meiner Töchter, immer mal wieder im Besitz von Kleintieren, und schließlich auch der Tierarzt, den wir für alle Fälle konsultieren. Hat sich denn alles gegen uns verschworen? Wie viele Verlustmeldungen werden wir weitergeben müssen?

Werden Hase und Huhn den nächsten Tag noch erleben? Während unser Kaninchen nach dem Tierarztbesuch mit Babybrei und untergemischter Medizin auf unserem Esszimmertisch zwangsernährt wird, bei den deutschen Gästen in Haus Nr. 4 der Strom ausfällt und im Keller fieberhaft nach der passenden Ersatzsicherung gesucht wird, erklärt mir ein niederländischer Stammgast, dass es ihm in der Wohnung entschieden zu kalt sei. Mit wenig Hoffnung trage ich den apathischen Hasen zurück in seinen Käfig, suche nach Decken und erinnere mich an den Radiator im Wandschrank der am wenigsten vor Wind und Kälte geschützten Ferienwohnung Nr. 3. Schließlich ist Februar, und ich kann die Gäste gut verstehen. Ich selbst hasse es, in der Kälte zu sitzen, ob bei Freunden im lange ersehnten schnuckeligen, aber doch so teuren Eigenheim oder im wohl verdienten Urlaub. Da nützen der schönste Fernblick und das kuscheligste Ambiente nichts, wenn es in Herbst, Winter oder Frühjahr an wohliger Wärme fehlt! Doch alle technischen Probleme lassen sich lösen, und unsere Gäste beobachten bald wieder voll innerer Zufriedenheit, wie wir uns an einem weiteren beschaulichen Tag mit dem nächsten Problem herumschlagen: eines der Schafe lahmt! Und das seit mehreren Tagen.

Ist das nun schlimm oder nicht? Wer kennt sich schon mit Schafen aus? Amelie zum Beispiel, und sie ist es, die uns erklärt, wie man die Schafe auf die gegenüberliegende Weide treibt, wo es in einer abgegrenzten Koppel eine Untersuchungsmöglichkeit gibt. Wahrscheinlich, so meint sie, habe sich das Schaf sich etwas in den Huf getreten, was bei matschig-nassem Wetter schon mal vorkommt. Wir müssen die Schafe einmal quer übers Grundstück treiben, was laut unserer Expertin ganz einfach sei. Wir sollen das Tor schließen und »eine Hecke bilden«, damit die Tiere nicht ausbüxen und die Richtung einhalten, die Amelie ihnen vorgibt. Während wir unsicher in die Knie gehen und die Arme ausbreiten – wie genau bildet man eine Hecke? – sind etliche unserer Gäste ganz zufällig vor die Tür getreten und betrachten in aufgeräumter Stimmung, mit Zigarette oder Kaffeetasse in der Hand, das Schauspiel, das ihnen in dieser ereignislosen Winterzeit nicht alle Tage geboten wird. Amelie ruft uns etwas zu, aber wir sind aufgeregt und sie spricht Niederländisch, und so glotzen wir nur irritiert in der Gegend herum, wohlgemerkt in »Heckenstellung«. Die Schafe glotzen irritiert zurück. Sie machen keinerlei Anstalten, ihrer Führerin zu folgen, sondern stehen wie zum Kaffeeklatsch unentschlossen in Grüppchen zusammen. Ein einzelnes schwarzes Schaf, das irgendwie in Panik geraten ist, nimmt kurz Anlauf in Richtung Tor, das zum Glück verschlossen ist, lässt sich dann aber durch unsere »Hecke« tatsächlich aufhalten. Schließlich gelingt unser Unternehmen dann doch, nach etlichen Mühen und unter der uneingeforderten und eher fragwürdigen Hilfe einiger Gäste. Der Schweiß rinnt, aber das Gatter ist zu und die Schafe sind vollzählig. Auf dem Misthaufen sitzt mein neuer Freund, Jan Wellem, der überall dabei sein muss und von hier den besten Überblick hat. Das kranke Schaf wird untersucht, der Huf gereinigt, und schon dürfen die Schafe zurück auf ihre Heimatkoppel. Die Rückführung funktioniert wesentlich problemloser, erleichtert nehmen die Tiere ihr vertrautes Terrain wieder ein und genießen es, von Stund an wieder unbehelligt zu sein. Das humpelnde Schaf humpelt immer noch und das wird auch vorerst so bleiben. Viel später erfahren wir, dass eine Verletzung am Schultergelenk die Ursache für die Bewegungseinschränkung war.

Wie auch immer, das Schaf und die Henne, die nach wie vor wie paralysiert auf ihren Eiern sitzt, überleben jedenfalls, im Gegensatz zu unserem Hasen, der allen Bemühungen zum Trotz eines Tages das Zeitliche segnet. Wir schaufeln das Grab für ihn in einer schattigen Gartenecke und besiegeln es mit einem großen, schön geformten Stein, damit die Kinder der Familie einen Ort zum Trauern haben. Die Zwillinge, die immerhin schon 13 Jahre alt sind, tragen den Verlust zum Glück mit mehr Fassung als gedacht und sprechen uns von jeglicher Schuld frei. Man bedauert vielmehr die kleinen und größeren Unglücksfälle, die sonst natürlich nie in dieser Häufigkeit auftreten, und ist trotzdem zufrieden mit uns. Ja, wir dürfen wiederkommen. Jederzeit! Jetzt haben wir ja Routine und kennen uns aus. Besten Dank auch!

Dekadenz am Strand von Calvi

Ich nehme meine Kiste und packe aus ... zwei Alben mit wunderbaren Fotos von der Insel Korsika und uns, die wir satt und faul auf gepolsterten Liegen und doch in Armeslänge vom blauen klaren Meer entfernt »chillen«, wie meine Schüler sagen würden.

Alle schwärmen von Korsika. Wer schon mal da war, möchte auf jeden Fall wieder hin. Vor allem unsere Motorrad fahrenden Freunde beschreiben uns die französische Insel als absolutes Muss, und dieses »Muss« würde natürlich beinhalten, dass wir die Tour per Bike starten. Da wir aber keine Hardcore-Abenteurer sind, nicht mehr die Allerjüngsten und ein bisschen Komfort durchaus zu schätzen wissen, wählen wir trotz aller Unkenrufe doch die langweiligere Variante und setzen uns an einem schönen Tag Ende Mai 2009 in unseren kleinen blauen Matiz.

Erstes Etappenziel ist die schreckliche Stadt Genua, wo es als Kunststück erscheint, uns in den fließenden Verkehr einzuordnen und den Weg zu einem sündhaft teuren Hotel am Hafen zu finden. Immerhin sind wir jetzt vor Ort und können uns am nächsten Morgen zeitig in die Schlange der Korsikaurlauber einreihen, die auf die Fähre warten.

Die kleine Kabine, die wir auf der riesigen »Moby Dick« gebucht haben, ist zwar eng, aber gemütlich, und so betreten wir am nächsten Tag ausgeruht zum ersten Mal »La Beautèe«, die Schöne. Ich sperre Augen und Nase auf, in Erwartung der viel beschriebenen und gerühmten Landschaft und des Geruchs der Macchia. Angeblich soll man die Insel ja allein an ihrem Duft erkennen können. In meinem Lieblingscomic »Asterix auf Korsika«, der natürlich zu meinen wichtigsten Reiseunterlagen zählt, schwärmt der Korse Osolemirnix von seiner Heimat. »Dieser hauchzarte Duft nach Thymian und Mandeln, Feigen und Kastanien, dieser Hauch von Kiefer, diese leichte Andeutung von Beifuß, diese Ahnung von Rosmarin und Lavendel ...«[8.] Zunächst aber stinkt es nach Autoabgasen, und in der lärmenden gedrängten Hafenatmosphäre ist kein Raum für Feinheiten und Andeutungen. Später aber, entlang der Ostküste auf der Fernverkehrsstraße in Richtung Süden, nehmen wir dieses typische Buschlandaroma deutlich wahr, besonders wenn wir bei unseren häufigen Zwischenstopps aus dem Auto steigen, um Leute nach den verschlungenen Pfaden zu unserem ersten Feriendomizil bei Favone zu befragen. Endlich angekommen, erweist sich unser Häuschen, das wir für die kommende Woche gemietet haben, samt Anlage als außergewöhnlich schön.

Die auf einem Felsplateau angelegten, höhenversetzten weißen Häuser sind neueren Datums, umgeben von dem natürlichen Garten der Macchia und mit direktem Blick auf das blaue weite Mittelmeer. Im Angesicht blühender Oleanderbüsche genießen wir auf unserer Terrasse, die zum Nachbargrundstück hin von einer treppenförmigen

Bruchsteinmauer mit bauchigen bunten Flaschen auf jedem Absatz begrenzt wird, die korsischen Spezialitäten: Aufschnitt vom Wildschwein, korsischen Honig und ungewöhnliche Kastanien- und Myrthenkonfitüren. Und natürlich darf der typische korsische Käse nicht fehlen, der laut »Asterix auf Korsika«[9] dank seiner explosiven Geruchsmischung ganze Schiffe in die Luft sprengen kann! Wir grillen und chillen. Und erkunden das nähere Umland, fahren nach Portoveccio und Bonifacio, der malerischen südlichsten Stadt der Insel, die auf einem 60 m hohen Kalksteinplateau thront. Die Kalksteinwände fallen zur Seeseite steil ins Meer hinab und lassen die Hauptstadt majestätisch und uneinnehmbar erscheinen. Es lohnen sich sowohl ein Blick von ganz oben, der einen Aufstieg in die Oberstadt und das Erklimmen der Zitadelle über viele schmale Treppenstufen impliziert, als auch ein Blick von ganz unten, während man bei einem Bootsausflug die südliche Spitze der Insel umschifft und die vielen ausgewaschenen Grotten und Buchten vorüberziehen lässt. Ein besonderes Erlebnis ist das Befahren der bekannten und gerühmten »Grotte du Sdragonato«. Das Tor zu dieser Grotte ist nicht sehr breit und auch nicht bei jedem Wetter passierbar. Ein gewisses Geschick des Bootsführers ist erforderlich, und mit der nächsten Welle landen wir mit einem »Schwupps« in der Höhle, durch deren gespaltene Decke nur wenig Sonnenlicht fällt. Gespenstisch schimmern rot und lila die Algen vom Meeresgrund zu uns herauf, spiegeln sich in Gesicht und Kleidung und verleihen unserer kleinen Reisegruppe einen Hauch von Faszination und Abenteuer.

Dieses Erlebnis ist ein leckeres Pietra-Bier wert, das hier aus Wasser, Malz und Kastanienmehl gebraut wird. Prost! Ein bisschen Entspannung tut gut, schließlich habe ich auf Bitten des Bootsführers während der gesamten Fahrt übersetzt, vom Französischen ins Englische, was mir zusätzlich so manche Schweißperle auf die Stirn getrieben hat. Wahrscheinlich sind die englischen Touristen mit ganz neuen Erkenntnissen von Bord gegangen und wundern sich, dass sie ihr neu erworbenes Wissen in keinem Reiseführer bestätigt finden! Tja, für Nachfragen stehe ich nicht mehr zur Verfügung, denn – verzeih mir, la Beautée – ich werde wohl nicht wiederkommen!

Wir »brechen unsere Zelte ab«, durchqueren die Insel einmal in der Diagonalen und bauen sie im Nordwesten der Insel, in der Stadt Calvi wieder auf. Und jetzt handelt es sich nicht nur sprichwörtlich, sondern tatsächlich um ein kleines Zweimannzelt, in dem wir in der nächsten Woche auf sandigem Boden deutlich weniger komfortabel, dafür aber preiswerter und ursprünglicher nächtigen. Leider wird uns eines Nachts der Gaskocher gestohlen; ich kann mich noch an die Schattengestalt vor unserem Zelt erinnern, die ich im Halbschlaf wahrzunehmen geglaubt, dann aber als Traumgespinst eingeordnet habe. Unser Wohlgefühl wird durch diesen Vorfall deutlich beeinträchtigt, erfährt doch unser Morgenritual, das vorrangig aus Kaffeekochen und Kaffeeschlürfen besteht, während wir eingemummelt in unsere Schlafsäcke draußen den neuen Tag begrüßen, eine empfindliche Störung. Natürlich können und müssen wir einen neuen

Kocher kaufen, aber Diebe, die tatsächlich oder vermeintlich über den Zeltplatz streifen, tragen irgendwie nicht dazu bei, dass wir zu unserer alten Entspannung zurückfinden.

Dafür ist es am Strand umso schöner! So hart der Boden auf unserem Zeltplatz ist und so eng der Blickwinkel, so weich sind die dick gepolsterten Auflagen auf unseren verstellbaren Liegestühlen, und so weit kann man den Blick schweifen lassen über das unendliche Meer vor uns, die bunten Sonnenschirme der Bar- und Restaurantmeile hinter uns und die Zitadelle auf dem Granitfelsen in einiger Entfernung über uns. Hier ist die Hitze erträglich. Das klare Wasser liegt zu unseren Füßen, ist herrlich erfrischend und lädt immer wieder zum Eintauchen und Schwimmen ein. Ein großer Sonnenschirm schützt uns und unsere eisgekühlten Getränke, die wir nur wenige Schritte entfernt bei einem netten Kellner ordern können. Zwischendurch darf's auch mal eine kulinarische Kleinigkeit sein, wie z.B. den »Assiette du fromage«, eine Auswahl schmackhafter landestypischer Käsesorten, oder eine andere Leckerei. Wir haben jeweils die Wahl, ob wir in unserem privaten Stranddomizil bleiben oder uns die paar Meter bis zur Restaurantterrasse schleppen, um noch eine Spur bequemer unsere Langusten an Linsensalat genießen zu können. Wieder fallen mir meine Asterixcomics und die Dekadenz der alten Römer ein: Ach, das Leben könnte eine einzige Orgie sein! Jedenfalls kurzzeitig zumindest bei diesen lähmenden Temperaturen, die wir nicht gewohnt sind und beide grundsätzlich auch nicht lieben, unter den gegebenen Umständen aber durchaus erträglich und sogar reizvoll finden!

So ergeben wir uns in unser Schicksal und bedauern nur gelegentlich und halbherzig unseren beschränkten Aktionsradius, denn die eigentlich geplanten Vorstöße ins Landesinnere scheitern an der mangelnden Funktionalität unserer Hupe! Trotz der vor der großen Reise erfolgten Inspektion ist dieser Defekt zunächst nicht aufgefallen. Nun stehen bzw. sitzen wir da, und nur schleichend und zögerlich bewegen wir uns in unserem kleinen blauen Matiz fort, ängstlich darauf bedacht, auf der engen und kurvigen Küstenstraße einem eventuell entgegenkommenden Fahrzeug rechtzeitig ausweichen zu können, ohne dafür in die Tiefe zu stürzen. Da unten liegen schon ein paar Autowracks. Ehrlich wahr! In unserem Reiseführer wird ausdrücklich empfohlen, bei entsprechenden Fahrten vor jeder Kurve laut und anhaltend zu hupen! Geht aber nicht. Also versuchen wir, an irgendeine Art von Ersatzhupe zu kommen. Geht aber auch nicht. Keiner der infrage kommenden Läden ist entsprechend sortiert. Meine Geschichte, mehrfach erzählt und durch ausführliche Gesten unterstrichen, sorgt für so manches Schmunzeln, den einen oder anderen Lachanfall und auch verständiges Kopfnicken, aber eben nicht dafür, dass Abhilfe geschaffen werden kann.

Wir geben auf und belassen es bei Kleinsttouren, die auch schon recht eindrucksvoll sind und eine Ahnung des Versäumten vermitteln. Doch Jammern ist nicht angesagt, schließlich naht der Tag der Rückreise aufs Festland und die Eroberung der Stadt Venedig, der wir inzwischen neugierig entgegenfiebern.

Auf den Wassern von Venedig

Ich nehme meine Kiste und packe aus ... mein Lieblingsfoto von Venedig: wir beide in einer Gondel, gewappnet mit einer Flasche Prosecco, hinter uns die einzige deutsche Gondoliera Venedigs, die uns sicher durch das Kanalsystem dieser Stadt im Wasser dirigieren wird. Auch der Stadtplan von Venedig, ohne den wir am ersten Tag »aufgeschmissen« gewesen wären, ist trotz vieler Knickfalten noch erkennbar.

Wir werden nicht enttäuscht. Venedig ist wirklich eine einmalige Stadt und daher auf jeden Fall eine Reise wert, auch wenn wir uns zu Beginn kaum orientieren können, weil alles scheinbar so gleich aussieht. Und später hören wir auch noch die Geschichte eines deutschen Ehepaares, das sich in Venedig so richtig gründlich verlaufen und auch noch den Namen des Hotels vergessen hatte, in dem es abgestiegen war. Ein Fall für die Carabinieri! Aber wir haben ja unseren Stadtplan! Nach erfolgreichem Abstellen unseres Fahrzeugs im »Tronchetto«, dem riesigen Parkhaus, und einer Fahrt mit dem Wassertaxi über den Rio Grande, stehen wir irritiert und überrumpelt von der Vielzahl von Eindrücken im Irgendwo von Venedig an einem der unzähligen kleinen Kanäle und stellen beim dritten Blick auf unseren Plan überrascht und erleichtert fest, dass wir sozusagen vor dem »Locanda Salieri« stehen! Dieses Hotel haben wir auf Empfehlung einer Kollegin gebucht, mit Kanalblick, Klimaanlage und (fast) deutschem Frühstück. Wir genießen die romantische Kulisse mit den vorüberziehenden Booten und palavernden Menschen vor unserem Fenster und die Annehmlichkeiten unseres kühlen Hotelzimmers, in dem wir der Mittagshitze entfliehen können. In den übrigen Stunden erkunden wir immer wieder aufs Neue die kleinen Gassen mit ihren sehr speziellen Geschäften, bewundern teure Markenuhren, erwerben preiswerten Glasschmuck und flanieren natürlich immer wieder über den legendären Markusplatz. Hier lauschen wir den Musikern, trinken den teuersten Kaffee unseres Lebens und schießen kein Erinnerungsfoto mit »Taube auf dem Arm«. Ich besichtige den Dom, Harald besichtigt die Touristen, die vor dem Dom endlos Schlange stehen und fast ausnahmslos die Hinweisschilder ignorieren, auf denen darum gebeten wird, Gepäckstücke andernorts zu deponieren, da sonst der Eintritt verweigert wird. Die Türsteher lassen keine Ausreden gelten und weisen den mit Rucksäcken und mehr bepackten ignoranten »Touris« erbarmungslos den Weg zur gegenüberliegenden Gepäckaufbewahrung, damit sie sich nach mindestens einstündiger sinnloser Wartezeit erneut hinten anstellen können.

Abends speisen wir in unserer bereits am ersten Abend entdeckten Lieblingspizzeria in unmittelbarer Nähe zu unserem Hotel und erfreuen uns an dem leckeren Essen, den gut gelaunten witzigen Kellnern sowie einer holländischen Familie samt Oma, mit der vor allem mein Lebensgefährte ins Gespräch kommt. Endlich kein Französisch, Italienisch oder das schon in der Schule verhasste

Englisch, sondern die vertraute Sprache unseres Lieblingsurlaubslandes, in der Harald sich wie in keiner anderen Sprache immer wieder gerne versucht.

Unsere Lieblingsbeschäftigung aber ist und bleibt das Befahren der kleinen und größeren Wasserstraßen Venedigs mit den unterschiedlichsten Booten. Es ist faszinierend, mal eben mit dem »Traghetto«, der kleinsten Gondel Venedigs für 50 Cent von einer Seite auf die andere überzusetzen und die gestriegelten Geschäftsleute zu beobachten, die sich, das Handy am Ohr und die Aktentasche unterm Arm, nicht um ihre nassen Hosenbeine kümmern und sich lässig von Ufer zu Ufer bewegen. So wird die vorab gebuchte Gondelfahrt mit der einzigen deutschen Gondoliera Venedigs zum absoluten Höhepunkt unseres Venedigaufenthaltes.

Sicher geleitet uns Alexandra Hai, deren Mutter aus Hannover stammt, durch das Gewirr der Wasserstraßen, vor jeder Biegung laut rufend, damit es zu keinen Zusammenstößen mit anderen Gondolieri kommt. Wir sitzen indes gemütlich mit unserem eisgekühlten Prosecco in der Gondel, lauschen entspannt den deutschen Erzählungen und Erklärungen unserer Gondoliera und verfolgen fasziniert, wie sich das einfallende Licht auf dem Wasser in immer neuen Farben spiegelt. Aus dieser Perspektive hätten wir Venedig zu Fuß nicht entdecken können. Die oftmals schmalen Wasserwege, die von unserer Gondel so gerade eben passiert werden können, werden rechts und links von Wohnhäusern begrenzt, deren Eingangsbereich nicht selten auf einer Ebene mit dem Wasserspiegel zu liegen scheint. Wir haben den Eindruck, sozusagen in Wohnzimmer blicken zu können oder aber auf Hinterhöfe, auf denen die Bewohner irgendeiner Alltagstätigkeit nachgehen.

Erschöpft, nicht mehr ganz nüchtern und im Ungewissen darüber, ob dieser Zustand vom Schaukeln der Gondel, den vielen Eindrücken oder dem Prosecco herrührt, was letztendlich auch keine Rolle spielt, landen wir nach circa einstündiger Fahrt wieder am Ausgangspunkt. Es werden noch einige Fotos geschossen, bevor wir uns von unserer Gondoliera verabschieden. Für uns steht fest: Die bunten Gondeln und die Gondolieri in ihren Trachten sind das Beste an Venedig, sie wirken irgendwie märchenhaft, wie aus einer längst vergangenen Zeit, und lassen vielleicht deshalb bei mir ein Gefühl von Beschaulichkeit, Zeitlosigkeit und Ruhe entstehen. Noch weiß ich nicht, dass die Ruhe trügt und die unschöne Realität mich bald einholen wird. Es wundert mich nicht, dass die Gondeln noch nicht »Trauer tragen«[10], denn sie wissen so wenig wie ich von der Zukunft, die sich bereits wie eine dunkle Wolke am Horizont zusammenbraut. Unschuldig, schön und verheißungsvoll treiben sie auf dem Wasser und verleihen dieser Stadt einen Zauber, dem wir auf jeden Fall erlegen sind und der nach einem Wiedersehen ruft.

4
Johannes Mario Simmel, »Es muss nicht immer Kaviar sein«, Buchtitel, 1960 Österreich

5
Francois Lelord, »Hectors Reise oder die Suche nach dem Glück«, München 2004, S.111

6
Ebd., S.111

7
Ebd., S.129

8
Goscinny und Uderzo, »Asterix auf Korsika«, Stuttgart 1975, S.20

9
Ebd., S.23

10
Nicolas Roeg, »Wenn die Gondeln Trauer tragen«, Titel eines Spielfilms (Großbritannien 1973), basierend auf einer Erzählung von Daphne du Maurier, die in Venedig spielt.

2. Kahlschlag

»Ein Mensch, der morgens noch voll Leben ist, kann schon vor Abend unbeachtet sterben.«
(Hiob 4, 20)

»Mit deinen Händen hast du mich gestaltet, und nun verschlingst du mich mit Haut und Haar. Vergiss es nicht: du formtest mich wie Ton. Willst du mich jetzt in Staub zurückverwandeln?«
(Hiob 10, 8-9)

23.06.09
Routineuntersuchung beim Frauenarzt o.B.

26.06.09
Teilnahme am Mammographie-Screening.

29.06.09 – 03.07.09
Fahrradtour durchs Münsterland; erstmaliges Ertasten eines Knotens in der linken Brust.

03.07.09
Ergebnis des Screenings liegt vor: o.B.

17.07.09
Start der Radtour nach Texel; deutlich fühlbares Knötchen ist noch da, sitzt oberhalb der Brustwarze.

30.07.09
Rückkehr von Fahrradtour.

17.08.09
nach einem Jahr beginnt die Schule wieder mit üblichen Terminen. Knötchen ist noch da; ganze Brust fühlt sich anders an.

27.08.09
Besuch beim Frauenarzt, der nichts findet; zu meiner Beruhigung Vereinbarung eines Termins zur Sonographie.

04.09.09
Sonographie ergibt »tumorsuspekte Läsion«.

14.09.09
Stanzbiopsie im KH, Verdacht erhärtet sich.

15.09.09
Laborergebnis bestätigt Diagnose: Brustkrebs.

18.09.09
Vorbereitende Untersuchungen zur anstehenden OP, Röntgen der Lunge o.B., EKG, Fragebögen und Gespräche.

21.09.09
Brusterhaltende Operation Nr.1; Entnahme von 27 Lymphknoten, von denen zwei befallen sind.

23.09.09
Ultraschall der Leber: o.B.

24.09.09
Knochenszintigraphie: o.B.

24.09.09
Gespräch mit dem behandelnden Professor, subkutane Masektomie bei gleichzeitiger Protheseneinlage wird empfohlen, da krankes Gewebe verbreiterter als zunächst angenommen.

26.09.09
Entlassung aus dem Krankenhaus.

14.10.09
Wiederaufnahme, Operation Nr. 2 .

17.10.09
Entlassung aus dem Krankenhaus.

27.10.09
Echokardiographie als Vorsorgeuntersuchung für die angesetzte Chemotherapie.

03.11.09
Erste Chemotherapie.

24.11.09
Zweite Chemotherapie.

21.12.09
Dritte Chemotherapie.

12.01.10
Vierte Chemotherapie.

02.02.10
Fünfte Chemotherapie.

23.02.10
Sechste und letzte Chemotherapie.

16.03.10
Beginn der Anschlussheilbehandlung auf Wyk auf Föhr.

20.03.10
Beginn der Hormontherapie (»Tamoxifen«).

06.04.10
Ende der AHB.

Freier Fall

»Da fragte Jesus seine zwölf Jünger: Und ihr, was habt ihr vor? Wollt ihr mich auch verlassen? Simon Petrus antwortete ihm: Herr, zu wem sonst sollten wir gehen?«
(Joh.6, 67 – 68a)

Lila ist die Farbe, die ich am wenigsten mag. Meine lila Kiste ist groß. Es ist die größte meiner drei Kisten, und ich weiß nicht, ob sie groß genug ist. Sie birgt meine ganze Angst. Öffne ich den Deckel, dann quillt sie heraus, die Angst. Und materialisiert sich in Form von Krankenberichten, Infoheften, Brustgürteln und Haarersatzteilen. Und doch darf ich dem Impuls, sie gleich wieder zu schließen, nicht nachgeben, weil Verdrängung keine Lösung ist.

Also packe ich aus … die ersten Dokumentationen meiner Brustkrebserkrankung.

Im Früh- und im Hochsommer bin ich noch zweimal mit dem Fahrrad unterwegs, die verbleibende freie Zeit nutzend, blicke aber auch schon gespannt und motiviert auf das kommende Schuljahr. Alle bestätigen mir, wie gut und erholt ich aussehe. Und so fühle ich mich auch. Der kleine, gut tastbare Knoten in meiner linken Brust verwundert mich zwar, aber ich messe ihm keine allzu große Bedeutung bei. Ich, die ich sonst hinter jedem Wehwehchen eine Krankheit mindestens mittelschweren Ausmaßes vermute, bin nicht wirklich besorgt. Schließlich nehme ich brav meine halbjährlichen Vorsorgetermine wahr, der letzte Besuch bei meinem Frauenarzt liegt gerade mal zehn Tage zurück und das Ergebnis des ebenfalls durchgeführten Mammographie-Screenings ist bei der Post, als ich von meiner Münsterlandtour nach Hause zurückkehre: es ist alles in Ordnung, so lese ich erleichtert, in zwei Jahren wird man mich wieder einladen. In der linken Hand noch das Schreiben, taste ich mit der rechten sinnierend über das Knötchen oberhalb der linken Brustwarze. Habe ich nicht schon mal von irgendwelchen Kalkablagerungen gehört, gerade im fortgeschritteneren Alter? Und geht so was von alleine wieder weg?

Das Knötchen bleibt, und es beschleicht mich allmählich doch eine leichte Unruhe. Eigentlich fühlt sich die ganze linke Brust anders an als die rechte. Aber was soll´s, es kann ja nichts Ernsthaftes sein, und außerdem steht die nächste Radtour an, die schon in den regulären Sommerferien liegt und den letzten Meilenstein in unserem Sabbatjahr darstellt. Ein letztes Mal steigen wir auf die Drahtesel, bepackt mit Zelt und allem was dazu gehört, um das Ende dieser geschenkten Zeit auf unserer Lieblingsinsel Texel zu besiegeln.

Doch ich merke, so richtig kann ich nicht loslassen, jeden Abend taste ich wie automatisch an meiner Brust herum, lasse tasten, lasse mich gerne beruhigen, hege aber ganz im Innern doch bereits den Verdacht, dass hier etwas ganz Gravierendes nicht stimmt. Ich ordne noch nicht zu, gebe dem Ding noch keinen Namen. Aber ich weiß: diese Brust ist nicht meine Brust, so wie ich sie kenne und wie sie zu mir gehört. Es steht fest, ich muss noch mal zum Arzt!

In der Praxis bin ich so aufgeregt, dass sämtliche Türen sperrangelweit offen stehen, als ich mit freiem Oberkörper im Behandlungszimmer auf der Pritsche Platz nehme. Mein Arzt beruhigt mich und schließt erst mal die Türen. Auch er kann sich nicht vorstellen, dass ich ernstlich erkrankt bin. Kennt er doch mich und meinen Körper seit circa zwei Jahrzehnten und hat mich auf vielen Stationen meines Lebens frauenarzttechnisch begleitet. Er kann nichts Außergewöhnliches fühlen, selbst den offenkundig tastbaren Knoten direkt unter der Hautoberfläche nicht, den er als Symptom für den in meinem Alter üblichen Gewebeabbau deklariert. Ich jubiliere. Gewebeabbau ist super! Wer braucht schon eine pralle Brust? Schließlich bin ich Anfang Fünfzig und habe zwei Kinder gestillt! Das Leben geht weiter!

Gleich werde ich durchs Städtchen ziehen und noch ein Geburtstagsgeschenk kaufen. Und die schwarz-weißen Sportschuhe, die ich neulich gesichtet habe. Die habe ich mir jetzt verdient, nach all der Aufregung!

Und doch: schon wieder schleicht sich eine leise Unsicherheit ein, die einfach nicht klein zu kriegen ist. Eigentlich vertraue ich meinem Arzt! Oder doch nicht wirklich? In der letzten Zeit gab es auch Zweifel, z.B. an der seit acht Jahren fortdauernden Hormonbehandlung. Diese hat mir zwar seinerzeit geholfen und ich vertrage sie auch gut, und doch habe ich nun schon länger das Gefühl, dass ich damit mal aufhören sollte, dass ich mit meiner Periode einen monatlich künstlichen Prozess herbeiführe, dem ich eigentlich schon entwachsen bin. Außerdem liest man ja immer wieder von dem leicht erhöhten Krebsrisiko bei Hormongaben über einen längeren Zeitraum. Erst kürzlich habe ich einen entsprechenden Artikel aus der Zeitung ausgeschnitten und meinem Arzt vorgelegt. Doch meine Zweifel wurden immer wieder zerstreut, und so habe ich ihnen nicht nachgegeben, was ja auch viel bequemer war.

Auf jeden Fall wird noch ein Termin zur Sonographie vereinbart, damit ich danach vollends beruhigt sein kann, wie mein Arzt mir versichert.

Doch diese Rechnung geht nicht auf. Zehn Tage später liege ich auf einer Pritsche in eben demselben Screeningcenter, wo ich erst kürzlich schon war, allein, die entblößte Brust verschmiert, und sehe mein Leben an mir vorüberziehen. Der wortkarge Arzt hat den Raum verlassen, um hinter verschlossener Tür mit einer weiteren Ärztin über das unerklärliche Etwas zu sprechen, das er auf dem Bildschirm gesichtet hat. So denke ich es mir. Und so ist es auch. Man hat sich in Ruhe noch einmal die Aufnahmen des letzten Screenings angesehen, wie ich später erfahre. In der Zwischenzeit liege ich hier, hilflos breitet sich das Entsetzen in mir aus, während ich warte und Minuten mir wie Stunden erscheinen. Ich frage nach dem Sinn und dem Gott, der mein Leben ist und mich beschützt und bewahrt hat bis zum heutigen Tag, mich getragen durch manche Untiefen, um mich jetzt zurückzulassen, schwach und wehrlos?

Noch ist die Diagnose nicht eindeutig, aber das Schlimmste kann nicht mehr ausgeschlossen werden. Im Innern weiß ich, dass das Schlimmste Wirklichkeit ist, auch wenn ich mich an die Hoffnung, dass es anders sein möge, wie an einen Strohhalm klammere.

Ich weiß, dass ich die nun anstehende Biopsie nicht an diesem Ort machen lassen werde.

Ich will nur nach Hause, nachdenken, mich beraten und mich dann entscheiden.

Bis zur Biopsie im Thomas-Krankenhaus, wo es ein Brustzentrum gibt, vergehen zehn weitere Tage. Es werden die schlimmsten meines Lebens. Während ich arbeite, esse, schlafe und funktioniere, raubt die Ungewissheit mir die Luft zum Atmen. Die Menschen um mich herum, mit denen ich kommuniziere und agiere, scheinen in ein diffuses Licht getaucht und, genau wie ich selbst, nicht wirklich anwesend zu sein.

Als ich endlich auf dem Tisch liege, braun gebrannt und doch beschädigt, um die Biopsie über mich ergehen zu lassen, fühle ich trotz des etwas schmerzhaften Eingriffs fast so etwas wie Erlösung. Nichts ist schlimmer als nichts zu wissen. Zwei Schwestern des Brustzentrums halten mir Händchen, die eine streichelt mein Gesicht, die andere meine Waden. Ich fühle mich fast geborgen.

Die Oberärztin nimmt kein Blatt vor den Mund und erklärt mir, kaum dass ich wieder aufrecht sitze, dass es sich sehr wahrscheinlich tatsächlich um einen bösartigen Tumor handelt. Sie bestätigt das Vorhandensein eines weiteren Knötchens im Inneren der Brust, das ich im Vorfeld auch schon aufgespürt hatte. »Doch glauben ist nicht wissen«, und bis zur endgültigen Diagnose müssen wir auf das wahrscheinlich schon morgen eintreffende Laborergebnis warten. Spontan frage ich, ob dies nun ein Todesurteil sei. Nein, hiervon kann keine Rede sein, es handele sich bei mir um einen Frühbefund, und: »Das kriegen wir hin.«

Gut so, denke ich, und verlasse dennoch taumelnd den Untersuchungsraum ob der unschönen Neuigkeiten und meiner fragwürdigen Zukunft. Draußen scheint die Sonne. Es ist ein herrlicher Tag, an dem die Menschen in den Kleingärten, die dem Krankenhaus gegenüberliegen, sorglos und fröhlich pfeifend vor sich hin werkeln. Wie können sie nur? Wie kann die Welt sich weiter drehen, während über mir alles zusammenbricht?

Der nächste Tag bestätigt, was sich nun schon sicher und unausweichlich abzeichnete: Die Diagnose lautet Brustkrebs. Die Rallye beginnt.

Haltende Hände

Ich nehme meine Kiste und packe aus ... verschiedene Hörbücher von meinen Töchtern, ein blaues, eselähnliches Kuscheltier mit rosa Ohren aus »Winnie-the-Pooh« von meinem Enkel, und die Portion Angst, die ungefragt mit herausquillt und die ich nicht wieder hineinzustopfen vermag, die höchstens durch andere Hände auf ein erträgliches Maß begrenzt werden kann, Hände, die mittragen und mich halten.

Wenn ich an die Zeit unmittelbar nach der Diagnose denke, an die Voruntersuchungen, auszufüllenden Formulare, Gesprächsszenen, offenen Fragen und Bilder, die in meinem Kopf und in meiner Seele eingegraben sind, so steht für mich fest, dass ich die erste Zeit ohne meine Töchter nicht überstanden hätte.

Wahrscheinlich wäre ich in der ersten Woche mitten in den Untersuchungen aus dem Krankenhaus geflüchtet, um mich wie zufällig in den sonnigen Tag zu begeben und mitzumarschieren mit den anderen, die gesund sind, die zwar auch irgendwelche Probleme haben, aber heute mal abschalten, die Straße entlang flanieren ohne besonderes Ziel, nach dem Motto: Morgen ist auch noch ein Tag. Gegenüber dem Krankenhaus bewegen sich die Menschen in ihren Kleingärten, machen hier und da den Garten schon winterfest, damit im Frühjahr alles wieder planmäßig aus dem Boden sprießen, wachsen und gedeihen kann. Wie wird mein Frühjahr sein? Ich sehe kein

Licht am Horizont, nichts, das mich sicher wieder zum Leben erwecken wird. Ich möchte mich ganz dicht hinter die Hecke legen, die die Anlage begrenzt, die Sonnenstrahlen auf meinem Körper spüren, geschützt vor den bohrenden und wissenden Blicken des Krankenhauses, in Tiefschlaf verfallen und auch erst im Frühjahr wieder erwachen, verwundert darüber, dass der Winter so lange gedauert hat, und voller Vorfreude auf einen neuen Lebensabschnitt.

Wir stehen vor dem Schwesternzimmer, schwach und ermattet, und müssen noch zum EKG.

Aber ich will nicht mehr. Es ist alles zu viel für einen Tag. Ich will doch hinaus, in die Sonne.

Mein Gott, warum darf ich nicht? Mein Gott, warum hast du mich verlassen? Warum dieses Elend? Wo sind deine haltenden Hände, auf die ich immer gebaut habe? Es ist Sybilles Hand, die mich am Ärmel zieht, den Gang entlang treibt, in den Fahrstuhl schiebt, hinunter in den Keller, wo das EKG gemacht wird, und wo die Toten liegen, oder? Ach ja, Herr, ich vergaß, du hast keine anderen Hände als die unseren. Du hast mir zwei Töchter geschenkt und ich danke dir dafür, dass ich sie habe und dass sie bei mir sind!

Im EKG-Raum sage ich gleich Bescheid, dass man sowieso nichts wird erkennen können, da mein Herz ohne Punkt und Komma schlägt und keine Pause macht. Doch siehe da, man erkennt doch, und es ist alles in Ordnung. Metastasen in der Lunge gibt es nicht, wovon ich zwischenzeitlich überzeugt war, da mich seit der Diagnosestellung ein fürchterlicher Husten plagt. Aber vielleicht wird das Röntgenbild erst später inspiziert, und vielleicht starten sie gerade einen Rundruf, suchen nach der Patientin B.S., die bitte sofort in den Röntgentrakt zurückkommen möge. Aber dann werde ich nicht mehr da sein! Sybille unterbindet einen weiteren Fluchtversuch meinerseits und schleppt mich zu einem Cola-Automaten am Ende des Ganges. Sie meint, wir brauchen jetzt dringend ein wenig Nervennahrung. Und es stimmt. Das Kaltgetränk mit dem vielen schädlichen Zucker hat eine leicht beruhigende Wirkung. Außerdem ist es für heute fast geschafft! Und ja – ich darf endlich raus hier! Wir vereinbaren, dass ich draußen vor dem Kleingartengelände auf Sybille warte, die unbedingt noch einmal hinein will, um sich auf der Station, die mich demnächst aufnehmen wird, zu vergewissern, dass jetzt alle Unterlagen vollständig und alle Voruntersuchungen abgeschlossen und in Ordnung sind. Ich beäuge misstrauisch das Krankenhausportal, während sich vor meinem geistigen Auge das Bild von einigen kräftigen Pflegern mit Trage abzeichnet, die mich mit Gewalt ins Krankenhaus zurückholen wollen. Da erscheint endlich meine Tochter und ich sehe, wie erschöpft auch sie ist. Auch andere haben dies wohl bemerkt. Von plötzlichen Lachanfällen immer wieder unterbrochen, erzählt sie, wie sie auf dem Weg in den vierten Stock, hechelnd und nach Atem ringend, von einer Schwester angesprochen wurde, ob sie

Hilfe brauche. Wir spazieren durch die Kleingartenanlage, lachen uns halb schwindelig und finden diese Szene, die wir uns natürlich noch weiter ausmalen, zum Umfallen witzig. Es ist das Lachen des ersten Schrittes, der getan ist, es ist das Lachen der Erschöpfung und der Erleichterung, dass trotz allem die Prognose günstig ist und der zweifelnde Blick der Oberärztin, von Sybille registriert und mir zum Glück entgangen, fehlinterpretiert wurde.

Letztgenannte Szene, in der für einige Sekunden der vermeintliche Todesengel in Gestalt der Oberärztin einem das Schwert in den Körper stößt und durch Mark und Bein treibt, ist nur eine von vielen heftigen Erinnerungen, die ein Leben lang nicht vergessen werden und immer wieder ungefragt auftauchen. Auch meine Töchter tragen eine Last seit meiner Erkrankung, und ich hoffe, sie wird ihnen nicht zu schwer und sie können produktiv damit in ihrem weiteren Leben umgehen. Es ist eine Last, die die meinige kleiner gemacht und es mir ermöglicht hat, diese gerade noch tragen zu können. Und dafür bin ich sehr dankbar.

Auch anderen gebührt mein Dank: meinem Mann, der an mir festgehalten und mit ruhiger Selbstverständlichkeit an meine Genesung geglaubt hat. Dessen Wahrnehmung und Liebe meiner Person immer gleich geblieben ist, unabhängig von allen äußeren und inneren Veränderungen, die an mir und in mir während der Erkrankung und auch unmittelbar danach stattfanden. Der die

»kleinen und größeren Löcher« mit mir »ausgesessen« hat, in die ich ab und zu gefallen bin, nachdem das Schlimmste vorbei war. Der mich auch mit seinem damals problematischen Alltag an einer neuen Schule konfrontiert und diesen in die Waagschale geworfen hat, so dass das Ungleichgewicht unser beider Zusammenleben relativiert wurde und mein Schicksal nicht mehr übermächtig erschien. Auch er brauchte Rat und Hilfe und einen Platz zum Ausruhen, wenn er nach Hause kam. Und das war gut so. Ich fühlte mich niemals reduziert auf die »Krebskranke« – was für ein furchtbares Wort – sondern wurde gebraucht und gefordert, wenn ich es zuließ, so wie es normal ist in einer Beziehung und wie es immer war zwischen uns. Und so gelang es mir zunehmend, meiner Erkrankung weniger Raum zu geben, sie als nur ein Ereignis neben vielen, wenn auch herausragend, anzusehen.

Sechs Chemotherapien musste ich über mich ergehen lassen, die ich zunächst allein zu bewältigen gedachte, obwohl meine Tochter Carolin mir mehrmals ihre Begleitung anbot. Doch sie wohnte in einer anderen Stadt! Und sie hätte sich frei nehmen müssen! Und, und, und! Das würde ich schon alleine schaffen! Und wollte es auch erst unbedingt! Doch schon bald stellte ich fest, dass die Anwesenheit einer vertrauten Person sich doch positiv auf mein Seelenheil auswirkte. Beim ersten Mal, das ich gar nicht so schlimm fand wie befürchtet, ließ ich mich letztendlich doch spontan von meiner Freundin Lisa abholen, die unweit vom Krankenhaus wohnte und nur auf einen Fingerzeig von mir lauerte. Beim zweiten Mal versetzte mich ein nach eigener Aussage wenig mit der Durchführung von Chemotherapien vertrauter Arzt, der auch entsprechend nervös auftrat, in Panik. Er fand zunächst keinen Zugang zu meinen Venen, meine Hand tat weh und auch, als die Prozedur schließlich gelungen und die diversen Flüssigkeiten durch meine Adern flossen, war ich immer noch unruhig und konnte mich nicht auf mein Buch konzentrieren. Lisa kam, und es ging mir besser. Von jetzt an begleitete sie mich jedes weitere Mal von Anfang bis Ende. Ihre ruhige Zuversicht und Sachlichkeit bewirkte auch bei mir ein Abklingen der Nervosität und eine Akzeptanz der Situation, die ja bekanntlich zu meiner Heilung als wesentliches Element beitragen sollte. Zwar war der Anblick der giftroten Flüssigkeit, die während der ersten drei Therapien (FEC) als ein fester Bestandteil in meinen Körper floss und auch sichtbar wieder heraus, nicht gerade als Hoffnungsträger geeignet, doch der Zweck heiligt bekanntlich die Mittel. Und ich wusste: ich muss da durch, immer Schritt für Schritt. Es gibt nur diesen einen Weg, und folglich muss ich ihn gehen. Nur dann ist ein Ende abzusehen und eine Zukunft möglich.

In Gesellschaft verging die Zeit schnell. Oftmals mussten wir noch warten. Es wurde zu unserem Ritual, dann zuerst einen Kaffee zu trinken in der Cafeteria des Krankenhauses, und über dies und das zu plaudern. Später plauderten wir weiter, tauschten mehr oder weniger belanglose Neuigkeiten aus oder füllten gemeinsam die

Fragebögen für die anstehende Kur aus. Einmal leistete uns die Psychoonkologin des Krankenhauses Gesellschaft, auch eine Ärztin und mir bis dahin unbekannt. Ihr Besuch war für mich ein unvergesslicher ermutigender Höhepunkt während der gesamten Behandlungszeit. Sie sah sich mit meiner Erlaubnis meine Unterlagen an, und noch heute klingen ihre Worte in meinen Ohren: »Super, eine Super-Diagnose!« Sie zitierte ein paar Begrifflichkeiten, wie »rezeptorpositiv« und »G1«, was , wie ich ja wusste, eine Messzahl für den Grad der Aggressivität des Tumors ist, und »G1« ist daher besser als »G2« oder »G3«, aber wirklich toll deshalb trotzdem nicht, oder etwa doch? Frau Doktor sprach auf jeden Fall von der anstehenden Hormontherapie als einer Art Lebensversicherung. Ich konstatierte, dass sie die erste sei, die meine Brustkrebsdiagnose »super« fände, und wir amüsierten uns eine ganze Weile. Humor ist, wenn man trotzdem lacht! Sie hatte unglaublich viel Zeit, beantwortete mir viele Fragen und ließ zu, dass ich mir vieles von der Seele reden konnte, sodass ich mich anschließend für die kostenlose Therapiestunde bedankte.

Viele weitere heilende und haltende Hände durfte ich im Laufe meiner Erkrankung ergreifen, zum einen dem Krankenhauspersonal und zum anderen meinem Familien-, Freundes- und Kollegenkreis zugehörig.

Meine kleine blaue Winnie-Pooh-Figur, ein Geschenk von meinem fünfjährigen Enkel und Carolin, seiner Mama, begleitete mich ins Krankenhaus und saß dort allezeit neben meinem Igel-Talismann auf dem Nachttisch. Sie erinnerte mich täglich an dieses kleine Menschenkind, mit dem ich so gerne noch viele Weihnachtsplätzchen backen und dessen Heranwachsen ich so gerne weiter begleiten würde.

Auch mein Exmann, mit dem ich mich ohnehin schon seit langer Zeit auf einer anderen Ebene wieder gut verstand, wurde noch einmal zum wichtigen Ansprechpartner, der immer Zeit hatte und der meine Ängste und Sorgen gut nachvollziehen konnte, wusste er doch aus eigener, lange zurückliegender Erfahrung, um was es ging.

Manche suchten auch nach Wegen der rein praktischen Unterstützung. Und so gehört die selbstgemachte Hühnersuppe meines Co-Lehrers und Freundes Tobias zu den unvergesslichen Gaumenfreuden, die mich auch stimmungsmäßig nach vorne gebracht haben!

Auch andere Kollegen und Freunde wurden nicht müde, sich immer wieder zu erkundigen und mir Mut zu machen. Nicht immer konnte ich darauf eingehen, nicht immer wollte ich telefonieren oder mich verabreden. Ich fand recht schnell heraus, dass nicht jeder für alles gut war und wer mir wann gut tat, und handelte entsprechend. Erstaunlicherweise machte ich die Erfahrung, dass die beste Freundin manchmal eher eine Negativspirale an Gefühlen auslöst, während die Kollegin, mit der man eher am Rande zu tun hat, genau die richtigen Worte findet. Aber so ist das eben, ohne dass es jemand böse meint. Und ich kann es akzeptieren. Und das müssen die anderen auch.

Diskrepanzen

Ich nehme meine Kiste und packe den »Stuttgarter Brustgürtel« aus (ja, so heißt das Ding, nicht »Salzburger Nockerl« oder »Nürnberger Würstl« sondern eben so, wahrscheinlich nach dem Ort des Erfinders) sowie die dazugehörigen speziellen BHs, an denen man das Teil befestigen kann.

Schwester Anja ist ein Schatz. Schwester Sara auch. Die beiden begleiten mich durch die Krankenhauszeit nach der ersten Operation. Es sind insgesamt nur fünf Tage, die ich bleiben muss, und die OP an sich ist gar nicht so schlimm. Dennoch sind diese Tage für mich der blanke Horror, da ich kaum schlafe und die Angst mir die Kehle zuschnürt. Jeden Tag stehen weitere Untersuchungen an, das normale Standardprogramm nach dieser Erkrankung, um Metastasen, die sich bei Brustkrebs, wenn überhaupt, bevorzugt in Lunge, Leber oder Knochen bilden, auszuschließen.

Schwester Sara ist die Nachtschwester in dieser Woche. Sie ist jung und hübsch und hat eine Mama in meinem Alter. Und sie ist sehr besorgt, weil bei mir im Zimmer dauernd Lichtschalter und Toilettenspülung betätigt werden, ein klarer Hinweis darauf, dass an Schlaf bei mir nicht zu denken ist. Es ist die Nacht vor dem Ultraschall der Leber. Ich bin überzeugt, dass das Ergebnis furchtbar sein wird. War ich doch letztes Jahr bei meiner Physiotherapeutin wegen einer so genannten »Einziehung« an besagter Stelle, gerade zum Beginn des Sabbatjahres, kurz vor unserem ersten dreimonatigen Trip nach Texel. Sie riet mir, mal einen Ultraschall machen zu lassen. Hab ich aber nicht! Bin stattdessen zu einer Heilpraktikerin und Osteopathin, zu der ich sowieso schon immer mal wollte, wegen dem ganzheitlichen Ansatz und so. Damals war ich zufrieden mit meiner Rundumbehandlung, bei der auch die Blockaden im Bereich der Leber (angeblich) gelöst worden waren. Und jetzt »hatte ich den Salat«! Wahrscheinlich war jetzt alles zu spät!

Ich möchte nicht, dass diese Nacht vergeht. Die Zeit bis zu meinem Todesurteil soll so lang wie möglich sein. Mir bricht der Schweiß aus, und ich knipse wieder das Licht an. Schwester Sara kommt herein und reißt sperrangelweit das Fenster auf. Vielleicht hilft ein Schwall frischer Luft. Doch ich weiß, dass gar nichts hilft. Zwischen den kurzen Zeitspannen, in denen ich dann doch wegnicke, beobachte ich, wie der Himmel bis zum Morgengrauen stündlich um Nuancen heller wird.

Sehr früh eilt das Ärzteteam mit dem Professor an der Spitze an mein Bett, natürlich bereits alarmiert von Schwester Sara. Der Professor versteht nicht, weshalb mich so ein läppischer Ultraschall um den Nachtschlaf bringt, mit meiner Leber sei sowieso alles in Ordnung, das weiß er ganz genau. Er muss es versprechen. Und er verspricht es. Wie kann er sich so absolut sicher sein? Das fragt sich auch Schwester Anja, mein Stationsengel, die ebenso mit mir fiebert und mir alles Gute wünscht auf meinem »Gang nach Canossa«, runter in den Ultraschall. Es ist alles in Ordnung, und bei meiner Rückkehr auf die Station darf ich Schwester Anja umarmen. Sie hat eine Gänsehaut, und ich liebe sie in diesem Moment ganz besonders.

Und schon geht's weiter. Für den nächsten Tag steht die Knochenszintigraphie auf dem Plan. Da diese nicht im Hause stattfindet sondern in einem anderen Krankenhaus nahe des Stadtzentrums, wird mich, so wird mir mitgeteilt, morgens ein Taxi abholen. Frühstück bekomme ich dann später. Auch gut. Mir ist schon alles recht. Mein Potenzial an Angst ist aufgebraucht. Ich bin nur noch müde und freue mich, dass heute nichts mehr anliegt.

Das »Knochenszinti« ist dann schon eine ziemliche Prozedur. Vor allem, da man nach der Injektion noch zwei Stunden warten muss, bis die radioaktiven Strahlen, die kurzfristig in meinem Körper wirksam werden, zur genauen Bildanalyse meines Knochengewebes taugen.

In der Wartezeit schlendere ich scheinbar arglos durch den Wuppertaler Nieselregen Richtung City, ein Leinensäckchen tarnt zur Linken meinen Wundbeutel, und ich hoffe inständig, auf kein bekanntes Gesicht zu stoßen, das sich für meine frühmorgendlichen Einkäufe näher interessiert. Nee, sind keine Äpfel drin! Ist ohnehin noch zu früh zum Shoppen; trübe, neblig und fast menschenleer präsentiert sich mir die Innenstadt. So oft und selbstverständlich ich mich auf diesen Pflastern schon bewegt habe, kommt mir heute alles fremd und trostlos vor, ich selber bin mir fremd, fühle mich einsam und bin fast froh, als ich zurück darf auf meine Station. Nach circa vierzigminütiger Untersuchung, die anstrengend ist, weil man die ganze Zeit still liegen muss, während die Augen der Gammakamera im Schneckentempo über den Körper gleiten, darf ich dann zurück. Alles in Ordnung, wie ich mir gleich an Ort und Stelle bestätigen lasse. Der Taxifahrerin, der ich unterstelle, dass sie froh ist, mich los zu sein und die nicht mit mir tauschen möchte – natürlich nicht –, verabschiedet mich passenderweise mit dem erleichterten Ausspruch: »So, da wären wir wieder zu Hause!« Super! Da bin ich aber froh! Und wo sind meine Schwestern? Und kriege ich jetzt Frühstück? Und kann ich dann endlich ein bisschen entspannen und in meinem Buch lesen? Weit gefehlt! Heute ist der Tag der Tage! Eine Ruhepause ist nicht drin.

Kaum habe ich mein Brötchen geschmiert, kommt der Professor mit dem Ergebnis aus der Pathologie und offeriert mir, dass noch einmal nachoperiert werden muss. Das Tumorgewebe ist verbreiterter als angenommen. Das Wort »strahlenförmig« fällt, und ich höre fast unbeteiligt zu. Erschrocken bin ich nicht sonderlich. Wie gesagt: mein Vorrat an Angst ist so gut wie aufgebraucht. Außerdem weiß ich, dass recht häufig nachoperiert werden muss bei Brustkrebs, weil's halt nicht mehr so ist wie früher und man erst mal klein anfängt. Ist ja auch richtig so. Bei mir hatte man trotzdem eher nicht damit gerechnet. Ist aber nun mal so. Ich bin nicht halb so beunruhigt wie viele meiner Familienmitglieder und Freunde, als sie im Nachhinein von der Neuigkeit erfahren. Denn ich denke mir nach all den ausgestandenen Schrecken im Vorfeld: Hauptsache, sonst ist alles in Ordnung. Solange sich nur der Tumor auf diesen einen Körperteil beschränkt! Später, als auch mein Mann anwesend ist, besucht mich der Professor noch einmal und wir gehen gemeinsam die Möglichkeiten der nächsten Schritte durch. Das Brustgewebe wird nun auf meinen Wunsch und auch auf Anraten meines Arztes komplett entfernt, denn das Risiko einer dritten Operation möchte ich nicht auf mich nehmen. Weg damit, ist mein Gedanke, und her mit der neuen Brust, denn die will ich schon, ein gleichzeitiger Aufbau sei kein Problem, versichert mir der Professor. Und der muss es ja wissen, er ist ja schließlich eine Kapazität auf diesem Gebiet.

Hautmantel und Brustwarze bleiben erhalten, auch wenn es ein winziges Restrisiko gibt bezüglich der Brustwarze (die Wahrscheinlichkeit eines Befalls liegt bei 1 – 3 %). Aber dieses Risiko tragen »wir«. Er hat »wir« gesagt, und dieses »wir« bedeutet, er ist mein Kampfgefährte. Wie wichtig so ein kleines Wort doch sein kann!

So, geht es mir durch den Kopf, wie gesagt, weniger aufgelöst als gemeinhin angenommen, diesen Tag habe ich bewältigt, jetzt kommt der verdiente Feierabend und ich kann zu meiner spannenden Lektüre zurückkehren. Doch da geht schon wieder die Tür auf und ein Mann kommt herein. Ich kenne ihn nicht und er mich bis dato auch nicht. Als er sich als der Krankenhauspfarrer vorstellt, fühle ich mich am Ende meiner Kraft – und meiner Geduld.

Soll ich jetzt an Ort und Stelle das Zeitliche segnen? Und kann man hier nicht mal fünf Minuten Ruhe haben? Ich habe nicht nach dem Pfarrer geschickt, ich weiß nicht, was er will, und er weiß es eigentlich auch nicht. Das Gespräch entwickelt sich schleppend, zumal ich wenig Einsicht in die Sinnhaftigkeit der Preisgabe meiner biographischen Daten zeige und mich auch nicht in Plauderlaune bezüglich meiner beruflichen Tätigkeit befinde. Der Herr Pfarrer kann nichts mit mir anfangen, und als er auch noch erfährt, dass ich »Evangelische Religionslehre« studiert habe und ganz bestimmt an den lieben Gott glaube trotz meiner Situation, tritt ihm endgültig der Schweiß auf die Stirn. Es bleibt ihm nichts anderes übrig als auf Schwester Paula zu verweisen, eine der sehr kompetenten und liebevollen Brustschwestern der Station, die momentan selber keine Zeit und der er deshalb diese Mission zu verdanken habe. Daher also weht der Wind! Liebe Schwester Paula, Sie haben es sicher gut gemeint, aber bitte machen Sie so etwas nie wieder! Denn Menschen sind nicht einfach austauschbar, selbst dann nicht, wenn sich ein Pfarrer darunter befindet!

Es geht erst mal nach Hause! Ich muss nur noch das Abschlussgespräch mit meiner Oberärztin und die Entfernung des Wundschlauches abwarten. Für letzteres ist dann wohl Schwester Ayse zuständig. Ausgerechnet! Ich finde sie zwar nicht direkt unsympathisch – noch nicht – aber sie ist auch nicht gerade zart besaitet. Außerdem redet sie gern und viel, vor allem über sich. Ich weiß, dass sie ursprünglich aus der Neurochirurgie kommt, dass es für sie sehr anstrengend war, Fuß zu fassen, vor allem, als sie die Sprache noch nicht so gut beherrschte, dass ihre Familie überdimensional groß ist, ebenso wie ihr Flachbildfernseher zu Hause. Schwester Ayse stöhnt ganz gerne mal – oder beschwert sich, allgemein und speziell. Klar, der Pflegenotstand macht auch vor dieser Krankenhaustür nicht halt. Aber wer will das als Patient schon wissen – oder gar spüren! Alles in allem muss ich zugeben, dass ich doch ganz froh bin, Privatpatient zu sein!

Was jedoch kein Allheilmittel ist, wie sich drei Wochen später herausstellt. Die zweite OP steht an, ich soll als erste an der Reihe sein und mich um sieben Uhr in der Frühe auf der Station einfinden. Doch hier, stellt sich heraus, ist gar kein Bett frei! Wir verharren völlig perplex in der stationseigenen Cafeteria und können nicht glauben, was hier passiert!

Und da ist sie wieder: Schwester Ayse, wie sie leibt und lebt und redet. Sie lamentiert über die unmögliche Situation, der das Pflegepersonal hier ausgesetzt ist, denn alle Zimmer sind belegt, kein einziges Bett mehr frei und keiner wusste von meiner Aufnahme am heutigen Tag. Es gäbe keine vernünftige Kommunikation, keine Absprachen, die machen einfach, was sie wollen und sie müssten es ausbaden. Es tue ihr leid, ich müsse warten bis die Ärzte kämen und solle die doch bitte fragen, wo ich hin solle. Jetzt finde ich sie aber doch unsympathisch! Aber immerhin redet sie überhaupt mit uns, im Gegensatz zu anderen (ich kenne gerade niemanden sonst hier), die meine Anwesenheit geflissentlich ignorieren. Naja, ich bin ja auch nicht vorgesehen für heute! Deshalb möchte Schwester Ayse auch, dass ich nachher beim Professor ein gutes Wort für sie einlege, weil sie sich doch immerhin trotzdem kümmere. Aber sicher doch, wenn´s weiter nichts ist! Schließlich habe ich ja sonst keine Sorgen! Ohne Bett und bald ohne Haare, aber vielleicht doch nicht so bald ohne linke Brust (?) stehe ich sprachlos im Gang herum und erwäge, einfach mit meinem Mann wieder nach Hause zu gehen. Der ist aber mit dieser Lösung nicht einverstanden. So sitzen wir weiter herum und warten. Als ich schon an meinem Verstand zu zweifeln beginne und ernsthaft überlege, ob ich den falschen Termin im Kopf hatte – obwohl, so einen Termin, den vergisst oder verwechselt man eigentlich nicht, ähnlich wie bei einer schwierigen Prüfung – taucht das Ärzteteam auf, dem ich mich sofort mehr oder weniger in den Weg werfe. Man ist erstaunt, dass ich noch nicht umgezogen und für die OP vorbereitet bin. Und natürlich habe man ein Bett für mich!

Aber ganz so einfach ist es dann doch nicht. Ich muss erst mal auf die Entbindungsstation und darf mich in einem kleinen engen Zimmer neben einer jungen, gerade stillenden Mutter »in Schale werfen«. In den fragenden Augen der Frau liegt Mitleid. Und ohne Worte gebe ich zurück: nein, keine Schwangerschaft, bloß Brustkrebs. Und jetzt fehlen auch noch die OP-Strümpfe in meiner Größe! Ganz großes Kino! Als der Professor, der jetzt endlich anfangen will, das Zimmer betritt, sitze ich in OP-Hemd und schwarzen Sportsocken auf der Bettkante, mit Adidas-Enblem, immerhin. Schlussendlich finden sich die Strümpfe, die ich der Schwester gleich aus der Hand nehme und selber überstreife. Ich will nur noch meine Spritze und raus hier aus diesem Alptraum. Man versichert mir noch, dass ich nach der OP auf ein anderes Zimmer verlegt werde, und anschließend schieben die Säuglingsschwester und mein Mann mich über den Flur, während ich im Gegensatz zur ersten OP von der Aufregung noch hellwach bin und daran zweifle, dass mich irgendwer heute noch zum Einschlafen bringt. Im OP bin ich noch immer bei vollem Bewusstsein, als ein mir fremder Arzt sich über mich beugt und fragend einen Namen nennt. Klingt so ähnlich wie Müller-Wedeking, kann man bei dem Mundschutz nicht so genau verstehen, ist aber eindeutig nicht mein Name. Nachdem ich ihn aufgeklärt habe, werde ich wieder hinausgeschoben, diesmal in den richtigen OP, so hoffe ich inständig. Endlich, endlich wirkt die Narkose und ich kann mich aus dieser unhaltbaren und unerträglichen Realität davonschleichen!

Nebelwände

Ich nehme meine Kiste und packe aus ... diverse Schmucktücher, eine rotblonde Perücke, eine Pflegeanleitung für Perücken und verschiedene Broschüren, die über mögliche Nebenwirkungen während einer Chemotherapie bei gynäkologischen Tumorerkrankungen informieren und Tipps geben.

Das erste Gesicht, in das ich blicke, ist das von Schwester Anja. Wie schön! Die erste Empfindung, die ich bewusst wahrnehme, ist die, in einem Schraubstock festzustecken. Aua!

Langsam kommt die Erinnerung zurück und Erleichterung macht sich breit. Immerhin, ich lebe! Was mir nach all den Aufregungen vor dieser zweiten Operation als gar nicht so selbstverständlich erscheint. Und das Engegefühl rührt zweifellos von meiner Top-Brustverpackung her. Da kann aber auch gar nichts verrutschen mit so einem Stuttgarter Brustgürtel um den Leib, so viel steht fest! Und damit das so bleibt, werde ich wohl noch ein bisschen durchhalten müssen. Schließlich möchte man sich auch in Zukunft noch im Spiegel ansehen können. Und wenn dann die eine Brust nach hinten gesprungen ist – naja! Soll alles schon vorgekommen sein! Hey, ich mache mir Gedanken um mein Aussehen und rechne schon wieder mit der Zukunft. Ich habe den Operationsteil überstanden und zum ersten Mal das Gefühl, einen wesentlichen Teil des steinigen Weges bewältigt zu haben!

In dem Einzelzimmer, in dem ich mich befinde, soll ich nicht bleiben. Denn da soll jemand mit Magensonde und ohne Bewusstsein rein. Da ich mir selbst der nächste bin, da gibt's nichts zu beschönigen, konstatiere ich erleichtert, dass es also tatsächlich noch schlimmere Fälle gibt als meinen! So schlimm, dass Schwester Anja einen Tausch beschlossen hat im Sinne der jungen Kroatin auf Zimmer 420, die nun mich als Bettnachbarin bekommt statt der Schwerstkranken. Die Kroatin ist Ende Dreißig, spricht sechs Sprachen und arbeitet als Dolmetscherin in der Düsseldorfer Botschaft. Sie hat eine achtjährige Tochter und wird nach ihrer Totaloperation keine weiteren Kinder mehr bekommen können. Unterleibskrebs. Aber man hat alles entfernen können, inklusive einer winzigen Mikrometastase. Das aber reicht dem Professor, um auch hier eine chemotherapeutische Folgebehandlung anzusetzen. Wir sitzen also im selben Boot. Aber Maja will nicht darin sitzen. Ihr graust vor der Chemo. (Wem nicht?) Sie möchte noch mal den Professor sprechen (von wegen diesem winzig kleinen Mikroding und wo es doch auch jetzt weg ist!), möchte eine zweite Meinung einholen usw ... Maja ist sympathisch, aber sie redet viel, weniger mit mir als mit ihrer Verwandtschaft und vielen anderen Leuten, die sie kennt, mit denen sie stundenlang telefoniert und die offensichtlich über jedes Detail ihrer geplanten Behandlung informiert werden müssen. Da sie sich überwiegend in ihrer

Muttersprache verständigt, ist nur ein einziges Wort für mich zu verstehen, das dafür umso bedeutungsschwerer im Raum hängt: das Wort »Chemotherapie«. Ob das in allen Sprachen gleich klingt? Ich mag es nicht mehr hören, finde auch, dass es nichts nützt, darüber zu lamentieren und den Nutzen dieser Behandlung infrage zu stellen. Und das sage ich auch. Aber viel bringt es nicht. Es bleibt mir also zur Ablenkung nichts anderes als fernzusehen. Nur ist es nicht sehr nett von mir, jedes Mal, während Maja telefoniert, den Fernseher lauter zu stellen, weil man bei dem Krach ja unmöglich ein Gespräch führen kann und weil diese Gespräche für Maja nun mal wichtig sind. Ein Dilemma! Manchmal wünsche ich mir schon mein Einzelzimmer zurück! Aber daran ist bei der momentanen Überbelegung wohl nicht zu denken.

Mir ist jedenfalls klar, dass ich die Chemotherapie durchziehen muss, dass es keine Alternativen gibt und ich aus dieser Situation nur herauskomme, wenn ich genau das tue, was meine behandelnden Ärzte, zu denen ich volles Vertrauen habe, mir sagen. Aber alles zu seiner Zeit und Schritt für Schritt! Jetzt muss ich mich erst mal erholen und das noch ausstehende Ergebnis bezüglich der Brustwarze abwarten. Entsprechend reagiere ich, als mich eine der Brustschwestern besucht, mit jeder Menge Infomaterial über Perückenhersteller und Kopftücher im Gepäck. Ich will noch nichts davon wissen, wie und mithilfe welcher Bindetechnik man den anstehenden unausweichlichen Kahlschlag blümchenhaft bemänteln kann. »Welches Studio ist das beste?«, frage ich unumwunden, um mir dann eine Notiz zu machen und sämtliche Kataloge in den hintersten Teil des Schrankes zu verbannen. Fürs Erste.

Die Oberärztin und der Professor: beide sehr verschieden, aber zusammengenommen ein cooles Team. Er souverän, zurückhaltend, ruhig. Sie spontan, direkt und sich manchmal einer für eine Oberärztin untypischen rudimentären Sprache bedienend. Sie ist es, die sich heute am dritten Tag nach der OP noch einmal meine Brust ansieht und mir erklärt, ich könne wunderbar nach Hause gehen. Ich bin erstaunt. Und freue mich. Allerdings steht da noch ein Ergebnis aus, was mich jetzt gleich wieder beunruhigt, und ich tippe fragend auf meine linke pralle Brust, die sich durchaus sehen lassen kann und die andere glatt neidisch werden lassen könnte, zeugten da nicht noch ein paar lila Verfärbungen von dem gerade durchgeführten Eingriff. Frau Doktor missversteht mich und meint: »Ach, die ist noch beleidigt, das gibt sich mit der Zeit.« Als ich deutlicher werde und sie versteht, beruhigt sie mich sogleich und äußert in der ihr eigenen Art, die mich schmunzeln lässt: »Ganz ruhig, Brauner, jetzt ist erst mal alles gut, und so, wie wir das Ding ausgeräumt haben …«

Nach ein paar dennoch unruhigen Tagen, in denen ich zusammenschrecke, sobald das Telefon klingelt und mich am liebsten außerhalb der Wohnung aufhalte, weil ich ja auch kein Handy besitze, also nicht erreichbar bin und somit kein »Zugriff« möglich ist, kommt dann der erlösende Augenblick der Entwarnung. Alles ist gut. Bis hierhin. Aber das heißt auch, dass es weitergeht und ich dem nächsten Schritt jetzt ins Auge sehen muss: der Chemotherapie mit dem unvermeidlichen Haarverlust.

Also auf ins Perückenstudio, und zwar noch vor der ersten Therapie. Damit genug Zeit bleibt zum Aussuchen und für eventuell notwendige Korrekturen. So steht's geschrieben und so verhalte ich mich auch. Das Studio befindet sich in einem unauffälligen Privathaus. Eine für meinen Geschmack etwas zu stark geschminkte und aufgeputzte Blondine mit langem, wallendem Haar öffnet mir fröhlich grinsend die Tür. Lotte ist kein Kind von Traurigkeit. Auch nicht im Angesicht von Krankheit und Tod. Gehört alles zum Leben, so ihr Motto. Als ihre Mutter an Krebs verstarb, hatte sie sich von der Friseurmeisterin weitergebildet, alles über diverse Krankheiten und den damit verbundenen Haarausfall gelernt und auch, wie man diese Phase, die bei anderen Erkrankungen sogar noch länger andauern kann, optimal überbrücken kann. Sie gibt Kurse an den beiden städtischen Krankenhäusern, die ein Brustzentrum haben. Auch Schminkkurse. Aber davon will ich nichts wissen, Schminkutensilien sind bei mir zu Hause faktisch nicht vorhanden. Sollte ich tatsächlich im Zuge der Chemo erbleichen und aus waidwunden Augen in die Welt blicken, muss ich halt sehen, was ich tue. Erstmal brauche ich die Perücke. Das ist das Nächstliegende. Und ich bin ja nun mal, wie wir wissen, der Mensch mit den kleinen Schritten. Dennoch lässt sich Lotte zunächst nicht davon abbringen, an meinen dunklen, dichten Augenbrauen herumzumäkeln, die ich nie zupfe und die Lotte mit Sicherheit ziemlich grässlich findet, auch wenn sie es natürlich so nicht sagt. Angeblich drücken die Dinger auf die Augen und machen älter. Und mit dem kleinen Spezialrasierer, den Lotte schon im Anschlag hat, kann man diesen Zustand ganz leicht beheben. Also gut, ich gebe mich geschlagen und lasse Lotte wirken. Ich muss zugeben, dass mir das Ergebnis gar nicht schlecht gefällt und so ein Besuch im Kosmetikstudio durchaus für etwas gut sein kann. Aber da war ja noch was! Okay, kommen wir zum Wesentlichen!

Es macht tatsächlich Spaß, die verschiedenen Perücken, die Lotte im Angebot hat, auszuprobieren. Hierzu wird mein ja noch vorhandenes Haar, das aber noch nie so üppig war, zusammengebunden und unter einem engen Netz versteckt, sodass mein Kopf der Situation »Glatze« fast entspricht. Wie eine Frisur doch einen Menschen verändern kann! Wider Erwarten gibt es viel zu lachen. Wir trinken Kaffee aus recht originellen Designertassen, essen Plätzchen und probieren neben den Perücken noch das eine oder andere Tuch aus. Unbedingt möchte Lotte auch ihr eben erst eingetroffenes Modell an mir sehen, ein kecker kleiner Hut, unter dem ein Kranz von Haarsträhnen befestigt ist, sodass die bis dato nicht zu kaschierende Nacktheit rund um die Kopfbedeckung entfällt und damit wieder ein Stück mehr Sicherheit für die Patientin gewährleistet ist. Ich bin beeindruckt und kann gar nicht aufhören mit dem An- und Ausprobieren.

Während ich vor dem Spiegel beschäftigt bin und fast vergesse, warum ich hier bin, ruft Lotte meine Krankenkasse an und klärt die Kostenübernahme. So, das wäre auch erledigt! Ein Lob auf das Studio, die Schwestern vom Brustzentrum und natürlich auf Lotte, die mir übrigens jetzt gar nicht mehr so aufgebrezelt erscheint!

Schließlich geht es an die Feinarbeit, was Struktur, Größe und den genauen Farbton meiner Perücke betrifft, die mich demnächst für etwa sieben bis neun Monate täglich begleiten soll. Das ist der kürzeste Zeitraum, und da ich ein sportlicher Typ sei, so Lotte, würde ich mich wohl frühzeitig wieder mit echter Kurzhaarfrisur der Öffentlichkeit präsentieren können.

Das genau auf mich zugeschnittene Modell muss aber erst bestellt werden, doch das macht nichts, denn ich habe ja noch ein bisschen Zeit. Mit der Pflegeanleitung und einigen Pflegemitteln versehen verlasse ich das Studio, und es stört mich gerade gar nicht, dass ich da demnächst wieder hin muss.

Und dann wird's ernst: am 3.11.2009 erhalte ich die erste Chemotherapie.

Ich fahre mit dem Bus ins Krankenhaus und überlege, wo wohl die anderen Fahrgäste alle hinwollen. Bestimmt denkt keiner daran, dass ich jetzt eben mal zur Chemo muss, als ich am Krankenhaus aussteige, vielleicht eher einen Besuch mache, so mit dem Blumenstrauß im Arm.

Aber der Blumenstrauß ist für die Sekretärin, weil die so nett zu mir war und mir unbedingt ein paar Hörkassetten leihen wollte, damit die Zeit besser herumgeht während der Chemo. Das alles interessiert in Wahrheit natürlich niemanden. Logisch! Schließlich fährt man nicht jeden Tag mit dem Bus zur Chemotherapie, da hat man schon mal ein paar merkwürdige Gedanken. Jedenfalls fühle ich mich, als ich da so mit den Blumen durchs Krankenhausportal schreite, ganz schön mutig und bin fast froh, dass der nächste wesentliche Schritt in Richtung Genesung in ein paar Stunden getan sein wird!

Es funktioniert dann auch alles ganz einwandfrei. Keine Kreislaufschwäche, keine allergische Reaktion, dafür aber eine sehr nette Schwester mit ruhiger und sicherer Hand, die mir alles genau erklärt. Zwischendurch gibt´s Mittagessen. Geht auch mit Infusionsständer. Und ich habe tatsächlich Hunger! Glaubt man denn so was?

Voller Euphorie verlasse ich das Krankenhaus. Jetzt sind es nur noch fünf Therapien! Nachdem Lisa mich zu Hause abgeliefert und noch auf einen Kaffee mit heraufgekommen ist – ich trinke natürlich grünen Tee – bin ich allein. Und warte. Ist mir irgendwie seltsam zumute? Spüre ich schon die ersten Anzeichen irgendwelcher Nebenwirkungen? Die Möglichkeiten sind ja reichlich, obwohl man heutzutage hier zum Glück schon vorsorgen kann und im Zuge der Behandlung bereits entsprechende Medikamente bekommt. Dennoch ist die Liste der Beschwerden lang, die einen theoretisch ereilen können.

Ich überlege, ob mir schlecht wird oder sich bereits ein Taubheitsgefühl in Armen und Beinen bemerkbar macht. Werde ich nicht gerade auch todmüde? Nein, eigentlich ist alles wie immer, beschließe ich, nachdem ich genauestens in meinen Körper hineingehorcht habe. Und trotzdem fühle ich mich komisch, irgendwie gedämpft, wie in Watte gepackt. Ich checke noch mal meinen Vorrat, falls irgendwas passiert. Und trinke immer wieder von meinem grünen Tee, den ich schon vorbereitet hatte, denn viel Flüssigkeit ist wichtig und grüner Tee entgiftet. Wenn er wenigstens schmecken würde! Also Bestandsaufnahme: der Teevorrat ist unerschöpflich, weiche Zahnbürste und Salbeitinktur stehen bereit, falls die Mundschleimhäute in Mitleidenschaft gezogen werden, Kaugummi ist auch vorhanden und für die Hautpflege verwende ich sowieso nur Naturprodukte. Und meine Perücke steht auch bereit, auf einem Ständer, der sich neben den verschiedenen Pflegeprodukten befindet. Mal eine ganz neue Nachttischdekoration! Ich zupfe ganz vorsichtig, aber natürlich sind die Haare noch fest. Wie lange wohl noch? Regulär dauert es nach der ersten Therapie zwei bis drei Wochen bis zum Haarverlust. Da habe ich ja noch eine Galgenfrist. Die Pflegeanleitung für die Perücke fällt mir in die Hände. Zweimal die Woche sollte man das Ding waschen, im Handwaschbecken (natürlich nicht in der Waschmaschine!) in lauwarmem Wasser. Hierfür die Perücke auf links drehen und Waschlotion dazu. Vorsichtig waschen, Waschvorgang wiederholen. Danach Balsam ins Waschbecken geben. Perücke auf rechts drehen und zehn Minuten im Wasser liegen lassen. Anschließend Perücke durch Handtuch drehen, schütteln, auf Ständer setzen und mit Conditioner besprühen. Fertig!

Fertig bin auch ich, da ich jetzt gerade wieder gar keine Lust auf meine Krankheit habe und diese blöde Anleitung nicht möchte lesen müssen. Denn eigentlich will ich meine Haare doch lieber behalten! Ich tappe wie im Nebel herum und fühle mich losgelöst und der Wirklichkeit entrückt. Endlich kommt Harald nach Hause, und erleichtert lasse ich mich in den Arm nehmen und kann ein bisschen weinen. Schließlich ist es ja doch blöd, das mit den Haaren!

Das Schlimmste an der Chemo ist nicht die Behandlung selbst, sondern der Zustand davor und danach. Ist der Zugang zur Vene erst gefunden und es »läuft«, ist dies jedes Mal ein kleines Stück Tunnel weniger, ein kleiner Schritt nach vorn ins Licht. Jede Therapie, die geschafft ist, ist eine weniger, die vor mir liegt. Und im Dezember 2009 feiern wir zusammen mit Freunden an einem Wochenende im Sauerland mein »Bergfest«! Drei von sechs Therapien liegen hinter mir, der Gipfel ist erklommen! Und in der gefühlten Endlosigkeit dieser Zeit ist doch, wer hätte das gedacht, ein Ende abzusehen! Auch unsere Freunde freuen sich auf die kleine Pause vom Schulalltag (Zeugniswochenende nach dem ersten Halbjahr). Meine Freundin Mia ruft extra noch mal an und verkündet, den Föhn habe sie schon eingepackt, brauche ich also nicht mehr. Nur kein unnützes Gepäck! Als ich dankend entgegne, das freue mich sehr, müsse ich doch schon den Perückenständer, meine Pflegemittel und die Kopftücher einpacken, bedauert sie erst erschreckt ihren »Fauxpas«, fällt dann aber in mein Lachen ein. Ich freue mich nämlich, dass sie vergessen hat, dass ich krank bin und einfach nur in normalen Bahnen gedacht hat, auch was mich betrifft.

Auf dem Hinweg im Auto fühle ich mich noch nicht so toll. Zwar geht es mir nicht wirklich schlecht – das passiert alles in allem eigentlich nie – aber ein schon bekanntes Gefühl von Schwäche beherrscht mich, das nur sekundär körperlicher, sondern mehr geistig-emotionaler Art ist und mich meine Umwelt als dumpf und unwirklich empfinden lässt. Wie »in Watte gepackt« sitze ich auf dem Beifahrersitz und weiß nicht recht, ob es wirklich so eine gute Idee war, das Wochenende traditionsgemäß, trotz und gerade wegen der widrigen Umstände, im Schnee zu verbringen.

Doch dann, ganz plötzlich, verziehen sich die Nebelwände wie durch ein Wunder und meine Sicht wird unaufhaltsam klarer. Wieder ganz in meiner Kraft und sehenden Auges legen wir die letzten Kilometer bis zum Zielort zurück, erleichtert und erfreut über die jetzt stärkere Schneedecke, die schöne Landschaft und die freien Tage, die uns erwarten.

Verantwortlich nicht nur für meine »Nebelwände« ist eine Hemmung der Blutbildung unter der Chemotherapie, eine Nebenwirkung, die so gut wie immer eintritt. Besonders die Anzahl der Leukozyten sinkt enorm, und hier ist es wiederum die Untergruppe der Netrophilen, die ausschlaggebend für den Gesamtzustand des Patienten ist. Sind die Werte sehr niedrig, besteht eine extreme Abwehrschwäche, eine einfache Infektion kann unter Umständen lebensbedrohlich sein. Deshalb werden unter der Therapie ständig Blutkontrollen durchgeführt, und jedes Mal wartet man zitternd auf das Ergebnis, das man eigentlich schon kennt. Trotzdem spiele ich ab und zu Badminton, wobei ich schon aufpasse, dass ich mich nicht überanstrenge. Dennoch schimpft meine Chemobegleiterin furchtbar, als sie davon hört, und die Vokabel »lebensgefährlich« fällt. Als ob ich nicht schon genug Angst hätte! Jetzt sitze ich kleinlaut und zitternd hier herum und traue mich ob des Rüffels meiner Ärztin gar nicht mehr aus dem Haus. Könnte mich ja einer anstecken. Und die Schweinegrippe grassiert auch gerade. Super! Und Wolfgang arbeitet ja auch an einer Schule und muss da jeden Tag hin! Noch besser! Im Extremfall sitzen wir uns jetzt mit Mundschutz gegenüber! So lange, bis nach diversen weiteren Blutabnahmen der erlösende Anruf kommt. Alles ist gut, die »Leukos« steigen, ich darf wieder Sport treiben. Bis zum nächsten Mal! Ich kann mich immer gut auf mein Körpergefühl verlassen und meinen jeweiligen Zustand ziemlich exakt einschätzen, weiß, ob »leichter« oder »dichter Nebel« vorherrscht oder ob gar nichts mehr geht wie nach meiner letzten Therapie, als die Anzahl meiner Leukozyten bei 1200 lag, wobei der Anteil der Neutrophilen weniger als

100 betrug und mir Wachstumshormone gespritzt werden mussten. Das alles geht heutzutage! Zum Glück! Und dann bin ich schon überm Berg, der Kopf ist zwar noch kahl und auch an anderen Stellen hat die Körperbehaarung merklich nachgelassen, aber von jetzt an kann ja alles wieder wachsen. Das Pflegen und Tragen meiner Perücke vollziehe ich mit einer fast inszenierten Feierlichkeit, weiß ich doch, dass diese Rituale nur noch eine kleine Zeit währen. Das Ende der unmittelbaren Verwundbarkeit naht.

Meeresleuchten

Ich nehme meine Kiste und packe aus … diverse Karten mit Genesungswünschen aus Deutschland und den Niederlanden sowie Visitenkarten vom Brustzentrum meiner Heimatstadt und von meiner Psychoonkologin, die ich bereits zu schätzen gelernt habe.

Es ist gut, dass ich Kinder habe und dass Carolin und Sybille in ihrer Betroffenheit nicht hysterisch reagieren, sondern sich durch ruhige Präsenz auszeichnen, wann immer es möglich ist und ich es will. Ich bekomme ein Päckchen mit Karte von meiner Ältesten. Auf der Karte ist eine umgekippte Schildkröte zu sehen, die alle Viere von sich streckt und den Kopf fast ganz eingezogen hat in ihren dicken Panzer. Auf der Karte steht: »Das wird schon wieder! Mit Kraft, Geduld, Mut und Hoffnung … bist du ganz schnell wieder auf den Beinen.« Auch mein fünfjähriger Enkel konnte die Karte schon unterschreiben in seiner krakelig-malenden anrührenden Kinderschrift und mit Herzchen verzieren. Was für ein kostbares Gut so ein Kind doch ist! Alles ist noch möglich, ihm, dessen Blick noch unverfälscht, dessen Kraft noch unverbraucht und dessen Seele noch unverletzt ist! Wie nah ist so ein kleines Wesen dem Paradies! Und wie schwer ist es im Laufe des Lebens, die Richtung zu halten und anzukommen am Ende! Nicht umsonst hat Jesus die Bedeutung der Kinder im Neuen Testament immer betont und seine Jünger zurechtgewiesen, als diese die Kinder wegschicken wollten in der Annahme, dass sie in ihrem Unverstand doch nur stören würden.

»Lasst die Kinder doch zu mir kommen und hindert sie nicht, denn gerade für Menschen wie sie steht die neue Welt Gottes offen. Täuscht euch nicht: wer sich der Liebe Gottes nicht wie ein Kind öffnet, wird sie niemals erfahren.«
(Markus 10, 14b – 15)

Neue Kinder gibt es auch in unserer Klasse, wie jedes Jahr, zusätzlich zu den alten. Wir konnten sie gar nicht hindern, zu uns zu kommen, denn sie sind uns zugewiesen worden, was sie nicht unbedingt wollten. Wir sind eine Förderschule für »Emotionale und Soziale Entwicklung«, eine Schule, in die Kinder meistens zwangsweise, selten auch freiwillig hineingeraten, wenn ihr aggressives, destruktives oder zurückgezogenes neurotisches Verhalten in der Regelschule nicht mehr tragbar ist. Ihre Seelen sind nicht mehr unverletzt und Ihr Blick ist misstrauisch und arglistig. Mit viel Energie verfolgen sie ihre Strategien, um abzuwehren, auszutesten, zu provozieren und sich unverwundbar und unerziehbar zu präsentieren.

Die »Alten« sind etwas abgeklärter und entspannter. Sie können zugeben, dass sie sich auf das neue Schuljahr freuen. Manche haben tatsächlich schon ihre neuen Schulsachen parat und können die Möglichkeit eines Erfolgs wieder in Betracht ziehen. Sie grinsen verschmitzt bei der Begrüßung, natürlich nicht ohne eine gewisse Aura von »Coolness« um sich herum völlig aufzugeben, die zu ihrem Persönlichkeitsbild gehört.

Es sind diese Kinder, mit denen ich seit fast 30 Jahren arbeite. Und dies seit einer halben Ewigkeit mit meinem Teamkollegen und Freund Tobias zusammen. Wir sind ein bewährtes Team, das schon so manche Zerreißprobe bestanden hat. Am Anfang und in jungen Jahren war es ein sehr schwerer Beruf, in den ich jedoch im Laufe der Jahre und in zunehmendem Alter hineingewachsen bin, den ich heute gerne ausübe. Grundsätzlich fand ich den Beruf der Lehrerin immer uninteressant, und so möchte ich auch an keiner anderen Schulform tätig sein.

Es sind genau diese schwierigen Charaktere, die einem alles abfordern, manchmal mehr, als man zu tragen in der Lage scheint, die mich aber auch in ihrer Unverblümtheit zum Schmunzeln und zum Lachen bringen und in ihrer Diskretion bei wirklich wichtigen Dingen immer wieder überraschen können!

Kurz nach der Diagnose berichtete ich meiner Klasse von den Geschehnissen. Ich möchte meine Abwesenheit in den nächsten Monaten erklären und meine Schüler nicht im Ungewissen zurücklassen, Gerüchten und Spekulationen ausgesetzt und nicht bedeutend genug, die Wahrheit zu erfahren. Schließlich bin ich (auch) Religionslehrerin und kann mich in einer persönlichen existenziellen Krise nicht einfach zurückziehen, erwarte ich doch von meinen Schülern Offenheit und Vertrauen und manchmal die Aufdeckung ihrer privatesten Geheimnisse und Ängste. Ich sage, dass ich Angst habe, und der coole Jo registriert erschreckt, dass er daneben lag, als er mich der Schweinegrippe verdächtigte. Suleika fragt, wann ich denn diesen Knoten zum ersten Mal gespürt habe und ob so was ansteckend sei. Mira hat erst vor kurzem ihre Mutter an den Krebs verloren und schaut stumm und blass in die Runde. Alle wünschen mir alles Gute. Und auf der später geschriebenen Karte, die jetzt vor mir liegt, schreiben sie, dass sie viel an mich denken. Das freut mich, und ich besuche sie, wenn die Behandlung es zulässt, und bringe Kuchen mit. Und ich hoffe und wünsche mir in all meiner Angst, dass ich noch eben schnell und erfolgreich ein Stückchen praktischen Religionsunterricht erteilt habe, dass ein Stückchen von dem »Himmel«, in dem ich mich trotz allem wähne, auch über den Schülern und Schülerinnen aufgegangen sein möge, die meiner Obhut unterliegen. Ich gehe heraus aus dem Arbeitsleben auf unbestimmte Zeit, hinein in die Krankheit und Schritt für Schritt hindurch, um hoffentlich am Ende wieder Land zu sehen, oder, um es mit dem Text der Karte, die mir mein lieber Lehrerchor geschickt hat, zu sagen, um hoffentlich festzustellen, dass dort, wo ich »nur eine Spur im Sand gesehen habe, Gott mich getragen hat!«

In Extremsituationen wird nicht nur deutlich, wen man alles kennt, sondern auch, wen man alles gekannt hat. Menschen, die man über ein Jahrzehnt nicht gesehen oder gesprochen hat, melden sich plötzlich. Die Erinnerung an ein früheres Leben wird kurzzeitig wieder präsent. Wichtig gewesene Bezugspersonen, denen ich jedoch heute lange entwachsen bin, kehren noch einmal zurück auf die Lebensbühne, um gemeinsam mit mir zu schauen und zu hören und fast vergessenen Berührungspunkten nachzuspüren, die doch zum Erschrecken gereicht und auch die eigene Verletzlichkeit und Begrenztheit bewusst gemacht haben.

Meine alten Freunde aus dem CVJM schreiben mir eine Karte, in der sie nicht nur mir sondern auch sich selbst wünschen, »dass alles wieder gut wird.« Dieser Tenor ist es, der mich ihre Wünsche als tröstlich und hilfreich empfinden lässt. Um die 20 Jahre CVJM mit Bibelarbeiten, Freizeiten und allem, was an zwischenmenschlichen Irrungen und Wirrungen, an gemeinsamen Festen und an geteilten Freuden dazugehört, zählen zu unserer gemeinsamen Vergangenheit. Später, nach dem Abschluss der Therapien, treffen wir uns noch einmal bei unserem alten Lieblingsitaliener, den es tatsächlich noch gibt, wenn auch in anderer Besetzung. Wir sitzen sogar in derselben Ecke an unserem alten Tisch, alle sind gekommen, wir erzählen, erinnern uns, sind albern und lachen viel. Es ist fast wie früher und doch ganz anders. Auch die anderen hatten oder haben inzwischen ihre Päckchen zu tragen, sind älter geworden, haben sich verändert – und sind doch irgendwie auch gleich geblieben. Die Witze sind die gleichen, der, der sie erzählt, ist derselbe, bestimmte Probleme haben sich gehalten über die Jahre, wie damals gibt es die, die früh müde wird und den, der jetzt erst zu Hochform aufläuft und ganz bestimmt noch nicht nach Hause will. Es gibt den, der über seine Frau lästert, die dies hinnimmt wie gehabt. Und wieder lachen wir und fühlen uns wohl, ein eingespieltes Team und viele »Weißt-du-noch«-Geschichten. Der Abend wird zum Deja-vu-Erlebnis der besonderen Art, ein schöner Ausflug in die Vergangenheit, den wir ab diesem Zeitpunkt einmal im Jahr wiederholen.

Im Hier und Jetzt sind es einige meiner besten und engsten Freunde, die hilflos wirken in ihrer Erschütterung und deren Tränen ich eher meide. Erst später werden wir Gelegenheit haben, über ihre und meine Gefühle zu reden und neu zusammenzukommen. Vorerst umgebe ich mich mit genau den Menschen, die mir gut tun. Es sind die, mit denen ich trotzdem lachen kann, wie mit meiner Freundin Lisa, die die Chemotherapien mit mir aussitzt, während wir z.B. gemeinsam den Fragebogen für die anstehende Anschlussheilbehandlung bearbeiten, in dem ich Auskunft über meine sexuellen Ambitionen geben soll. Es sind die, für die ich in erster Linie ich bin, eine Frau von Anfang 50, gläubig, Sonderschullehrerin, sportlich, bestimmten Genüssen wie einem schönen kalten Bier oder einem leckeren Stück Torte nie abgeneigt, Natur-, Garten- , Nordsee- und oft auch Menschenliebhaberin mit Sinn für Humor, so bilde ich mir jedenfalls ein, und erst in zweiter Linie zurzeit ernsthaft erkrankt. Es sind die, die mir trotz meiner Krankheit auch ihren eigenen Alltag zutrauen, wie beispielsweise mein Mann, meine Kinder, einige Kollegen, Freunde und Bekannte sowie Menschen, die zum Krankenhauspersonal gehören. Sie nehmen mich auf diese Weise in ihre Mitte als eine der ihren und behandeln mich nicht wie eine bemitleidenswerte Exotin, der das Unfassbare passiert ist, von dem sie sich abgrenzen wollen.

Es gibt auch eine Form von Mitleid, die auf mich nicht anstößig sondern hilfreich wirkt.

Es ist das echte »Mitleiden« im Sinne von »Miterleben« und damit »Mittragen«, wie es wohl nur aus einer tiefen Verbundenheit heraus entstehen kann. Ich erlebe es, wenn ich regelmäßig zwischen den Therapien ans Meer fahre – natürlich mit dem Segen des Professors und immer einer Packung Antibiotika im Gepäck für den Fall der Fälle - und auf meiner kleinen großen Insel Texel am Meer spazieren gehe und Zeit bei meiner Jüngsten verbringe, bei der ich dann wohne. Es ist der Ort, an dem ich nach der ersten Therapie meine Haare lasse und mich nach einer Komplettrasur durch meine Tochter dem unausweichlichen Kahlschlag stelle, mit einer Flasche Bier in der Hand und einem Witz auf den Lippen. Es ist der Ort, an dem ich in der Vorweihnachtszeit eine Unmenge Plätzchen backe, die trotz Miniofen alle erstklassig gelingen und zu einer begehrten Ware im Bekanntenkreis meiner Tochter werden (in Holland gibt es so was nicht!), die die süße Fülle genießt und zunehmend geiziger verteidigt.

Und es ist der Ort, an dem mir das Meeresleuchten zum ersten Mal begegnet. Über Jahrzehnte, die ich immer wieder mal am Meer verbracht habe, ist mir dieses Phänomen vorher nie begegnet. Dass es gerade jetzt geschieht, nehme ich als gutes Omen und freue mich über den wunderbaren Abend am Strand mit seiner magischen Kulisse, an dem das Meerwasser in Wellen seine blau-grünen Lichtsignale aussendet! Ein Naturschauspiel, das verzaubert und nach Erklärungen verlangt. Also, lese ich nach, es sind die im Meerwasser befindlichen Kleinstlebewesen, die nach Berührung mehr oder weniger lang dauernde Lichtsignale aussenden. Auch der Wind reicht als Berührungsreiz aus, so wie heute an diesem milden Abend. Ähnliches kannte ich bisher nur von Glühwürmchen, die aber selbst die Fähigkeit besitzen, zu leuchten. Wie auch immer, Gottes unendliche Schöpfung beeindruckt mich immer wieder. So wie er »die Lilien auf dem Felde« und die »Vögel unter dem Himmel« geschaffen hat, die ohne sich kümmern und sorgen zu müssen, schön aussehen und sich genügen in dem, was sie haben, so hat er auch das Meeresleuchten denen geschenkt, die es sehen. Und auch ich bin letztlich eine Kreatur Gottes, die Krone der Schöpfung in einer unendlichen Kette, und ich bin also gewollt und gut und alles, was geschieht, wird mir zum Besten dienen, selbst wenn ich krank bin oder in einer anderen scheinbar ausweglosen Situation. »Nie kann ich tiefer fallen als in Gottes geöffnete Hand« (s.o.). Diese Gewissheit ist es, die ich vielen anderen voraushabe, auch wenn ich mich sonst in meinen Ängsten und Sorgen in nichts von ihnen unterscheide. Nicht immer ist sie präsent und oft genug von Zweifeln überlagert, aber dann scheint sie durch, diese Gewissheit, und lässt mich ruhig und gelassen zurück »im Angesicht meiner Feinde«, so wie an diesem Tag!

Herzrasen

Ich nehme meine Kiste und packe aus … meine Zugfahrkarte von Düsseldorf über Hamburg, Niebüll, Dagebüll nach Wyk auf Föhr, meinen Reha-Ordner der Nordsee-Fachklinik Sonneneck, eine Fahrradkarte der Insel, Skizzen von Strandkörben, ein Porzellanhuhn in Form eines Eierbechers, das Osterpräsent der Klinik, und eine kleine blaue Kerze, das Abschiedsgeschenk meiner Tischnachbarin während der Kur.

Die Kur heißt genauer »Anschlussheilbehandlung« und soll, wie das Wort schon sagt, zur Heilung im umfassenden Sinne beitragen. Von Simonton, so erfahre ich während des Gesundheitstrainings, stammt der weise Ausspruch: »Gesundheit (ist) der Tatsache zu verdanken, dass man seinen geistigen, körperlichen und seelischen Bedürfnissen Beachtung schenkt und ihnen entsprechend handelt.«[11] Bei mir spüre ich vor allem eine seelische Bedürftigkeit; ich möchte diese Traumaerfahrung verarbeiten, möchte wieder den Horizont sehen und darüber hinaus denken können, an eine Zukunft glauben, die über den nächsten Tag oder die nächsten Wochen hinaus auch wieder in Monaten und Jahren rechnet, mit dem nächsten Weihnachtsfest und den nächsten Sommerferien sowie mit den kleinen und größeren Alltäglichkeiten, die sich nicht um das Thema der Krankheit drehen. Darum bin ich hier!

Ich bin unsicher, ob meine Entscheidung zu dieser Maßnahme, von vielen angeraten, die richtige war. Und ich bin aufgeregt! Mein Herz klopft wie verrückt, als ich mit den anderen Patienten in dem etwas abgewetzten Eingangsbereich des in mintgrün gehaltenen alten Sanatoriumsbaus stehe, verloren, schweigsam zwischen Koffern, wartend auf die Dinge, die da kommen werden, zunächst auf die Schwester, die uns offiziell begrüßen und uns unsere Zimmerschlüssel aushändigen wird.

Schon auf der Hinfahrt mit Bahn und Schiff, die ich mir eigentlich vorgestellt hatte zu genießen – ging es doch immerhin an meine geliebte Nordsee – meldete sich mein aufgeregtes Herz zu Wort, es würde sich bis zum Ende des Aufenthaltes auch nicht wirklich vollständig beruhigen. Als ich mit meinem großen Rollkoffer von Bord gehe, wartet schon der Kleinbus der Klinik auf mich und drei weitere weibliche Passagiere. Der Fahrer gibt sich mit einem hoch gehaltenen Schild zu erkennen. Indem wir auf ihn zu gehen, outen wir uns als Klinikgäste. Ich stelle mir vorher, einfach vorbeizugehen an der kleinen Gruppe, freundlich nickend, nein, tut mir Leid, ich bin nicht die gesuchte noch fehlende Person, mache hier Ferien, rein privat, eine kleine Auszeit, muss weiter, mich nach meinem Hotel umsehen .... Und im nächsten Moment sitze ich schon angeschnallt in dem Bus und will nicht dahin, wohin die Reise geht. Will nicht hier stehen inmitten der anderen, die teilweise harmlos aussehen, teilweise aber auch von Krankheit und Elend gezeichnet sind, will keine von ihnen sein und keiner Nachsorge bedürfen. Zum ersten und wohl auch einzigen Mal ergreift das in Broschüren und Ratgebern so oft beschriebene Gefühl »Warum ich?« bei meiner Ankunft im Sanatorium von mir Besitz.

Der nächste Schock ereilt mich, als ich mein Zimmer aufschließe, das ohne Übertreibung winzig klein ist! »Mein Tumor ist größer als mein Zimmer!«, geht es mir unwillkürlich durch den Kopf, »war größer«, korrigiere ich, denn jetzt ist er ja zum Glück weg und kann bleiben, wo der Pfeffer wächst. Das Zimmer aber ist Realität, und das für die nächsten drei Wochen! Ich bin froh, dass die Kur in die Osterferienzeit mündet und ich mich im Anschluss auf ein paar Urlaubstage mit Wolfgang in einer hoffentlich geräumigeren Ferienwohnung auf der Insel freuen kann.

Irgendwie verstaue ich mein Gepäck und hieve den großen Koffer auf den Schrank, nicht ohne mir ein paar blaue Flecken zuzuziehen, da das Drehen um die eigene Achse nur bedingt möglich ist. Anschließend setze ich mich auf mein Bett und denke, dass ich mit dieser Einstellung auch gleich wieder einpacken könnte! Alles in allem wollte ich doch die Kur, habe mir die Klinik gezielt ausgesucht und mir von dem Aufenthalt etwas versprochen! Also sollte ich jetzt das Beste daraus machen. Tapfer und mit neuem Elan verlasse ich mein Zimmer und gehe den mir noch unvertrauten Flur entlang, dem Treffpunkt zu der anstehenden Hausführung entgegen.

Das ausgezeichnete Kinikessen versöhnt mich ein wenig mit den Umständen, und das – aber erst nach einer Weile – trotz Johanna, die den mir gegenüberliegenden Platz an unserem Vierertisch zugewiesen bekommen hat. Johannas Tumor im HNO-Bereich hat dazu geführt, dass sie ihre Stimme verloren und ein kleines Loch im Hals hat. Ich kann es nicht anders sagen, obwohl ich dabei ein schlechtes Gewissen habe: anfangs erfüllt mich ihre tägliche Gegenwart beim Essen mit Entsetzen, ist doch das Essensritual von essentiellem Wert, und hier besonders! Wie Johannas Apparatur am Hals, überwiegend von einem Tuch verdeckt, genau funktioniert, das weiß ich nicht. Aber sie kann nicht ganz problemlos essen und macht diverse Geräusche dabei. Auch »versprüht« sie schon mal ein paar Essensbröckchen, wie ich anfänglich schaudernd registriere. Außerdem gestikuliert sie die ganze Zeit herum, um sich an der Unterhaltung zu beteiligen. Aber meistens verstehe ich sie nicht, will mir auch gar keine Mühe geben, denn ich habe meine eigenen Sorgen, und die reichen völlig! O Herr, mein Gott, wie bin ich böse! Meine zwischenzeitliche Hoffnung, dass Johanna vielleicht bald abreist, erfüllt sich nicht. Johanna hat Verlängerung bekommen, wie sie mir eines Tages freudig signalisiert. Die zwei erhobenen Finger kann ich sofort interpretieren: zwei Wochen mehr, für sie und für mich an ihrer Seite. Wie schön! Wir können es beide kaum fassen! Ich beschließe, den Tatsachen und Johanna ins Gesicht zu sehen und bitte sie, doch in Zukunft ihren Sprechapparat zu benutzen, auch wenn sie das nicht gerne tut, da es für mich unglaublich anstrengend sei, bei allem Stress mit mir selber und zwischen den Anwendungen beim Essen noch Übersetzungsarbeit leisten zu müssen! So, jetzt ist es raus und Johanna ist gar nicht so böse. Den Sprechapparat benutzt sie zwar trotzdem nicht, dafür aber eine kleine Tafel, auf die sie hin und wieder während der Tischgespräche schreibt. Danach geht es mir irgendwie besser und es gelingt mir zunehmend, nicht immer nur auf Johanna zu achten, sondern auch auf meine anderen beiden sehr netten Tischgenossinnen, beide wie ich zur AHB nach einem Mammakarzinom.

Essen und Trinken dient ja bekanntlich auch dem Zusammenhalt von Leib und Seele! Und ich bin ein guter Esser trotz schlanker Figur! Jetzt, nachdem ich die Umstände akzeptiert habe, schmeckt es mir in der Regel auch wieder. Eine gesunde und gleichzeitig schmackhafte Ernährung gehört zu den Grundsäulen des Klinikkonzepts im Hinblick auf Gesundwerdung und Gesunderhaltung. Ich hätte nie gedacht, dass ein krankenhausverwandter Betrieb ein solches Essen präsentieren kann, vielfältig, mit vielen Kräutern garniert, liebevoll angerichtet! Auf den Tischen stehen zusätzlich immer kleine Körbe mit frischem Obst bereit. Die Rezepte kann man sich für 10 Cent ausdrucken lassen. Und es gibt ein Punktesystem, das viele – vor allem übergewichtige Patienten – in Unruhe versetzt, mich weniger. Speisen mit grünem Punkt kann man viel und reichlich zu sich nehmen, solche mit gelbem Punkt hin und wieder, und die mit dem roten Punkt sollten die absolute Ausnahme sein. Aber auch hier werden Speisen angeboten, was mir gefällt, denn Aufklärung und Information ist die eine Sache, aber die Entscheidungsgewalt obliegt dem Einzelnen, der für sich selbst die Verantwortung übernehmen sollte, solange er kann, so denke ich. Der Griff zu »Gelb« und »Rot« ist trotzdem oft verstohlen und wird nicht selten von einem entschuldigenden Lächeln oder einer überflüssigen Erklärung begleitet, wenn der Betreffende sich ertappt glaubt. Ein einziges Mal während meines Aufenthaltes gibt es süße Schlagsahne, und diesmal schämt sich keiner, sich in die Schlange vor der Nachtischausgabe einzureihen, die nie länger war! Ich liebe Schlagsahne! Und viele meiner Mitmenschen offensichtlich auch.

Jeder Patient hat einen kleinen Briefkasten für individuelle Nachrichten. Auf kleinen Zettelchen wird uns mitgeteilt, wann wir zur Arztvisite auf dem Zimmer sein müssen, wann wir zum Blutdruckmessen und Wiegen – zwei ganz wichtige Konstanten – im Arztzimmer erscheinen sollen oder zu irgendwelchen anderen anberaumten Untersuchungen oder Gesprächen.

Mein Gewicht ist optimal, mein Blutdruck ständig zu hoch. Melanies Gewicht hingegen ist deutlich zu hoch, ihren Blutdruck kenne ich nicht. Der ist für sie so uninteressant wie für mich das morgendliche Wiegen. Unsere Begegnung im Wartebereich vor dem Schwesternzimmer ist eine der besonderen Art. Sabine hat nicht gefrühstückt, ich nicht geschlafen. Die Situation entbehrt nicht einer gewissen Komik, und als die Tür sich öffnet und die

Dienst habende Schwester heraustritt, findet sie uns vor Lachen in Tränen aufgelöst.

In mancher Hinsicht war ich schon immer ein bisschen neurotisch. Ich hasse Blutdruckmessungen, und wenn ich weiß, dass in Kürze gemessen werden soll, bin ich so nervös, dass mein Herz wie verrückt klopft und meine Hände ganz feucht werden. Also braucht man sich über die Werte nicht zu wundern. Mein hauseigenes Messgerät zeigt immer Werte im Normbereich an. Schließlich rauche ich nicht, bin nicht übergewichtig, treibe Sport, und eine familiäre Disposition gibt es auch nicht. Aber wie soll ich das der Ärztin und den Schwestern erklären? Die sind jedoch alle sehr nett und wirken absolut kompetent. Ich solle mich erst mal beruhigen und eingewöhnen, meine momentane Aufregung sei völlig verständlich und akzeptabel. Wie schön, so denke ich, ich darf aufgeregt sein! Und gleich beruhigt sich mein Herzschlag ein wenig.

Ansonsten bin ich stolz auf meinen Aufnahmebefund, der mir bescheinigt, dass ich mich in »gutem Allgemein- und schlankem Ernährungszustand« befinde. Es existiert kein Lymphödem, körperliche Einschränkungen sind nicht vorhanden und meine Lunge macht »keine Rasselgeräusche«, sodass ich nicht, wie viele meiner Mitpatienten, zur Atemtherapie verdonnert werde. Die körperliche Eingangsuntersuchung ergibt keine pathologischen Resistenzen, Hyper und Lien (das sind Leber und Milz) sind nicht vergrößert, die Extremitäten unauffällig ebenso wie die Neurologie, und bezüglich meiner Psyche wird mir bescheinigt, dass ich ein emotional stabiler, offener und kooperativer Mensch bin. Wusste ich´s doch! Aber eben auch ein nervöser, mit situativ zu hohem Blutdruck. Da das Problem mit meiner phasenweise auftretenden Nervosität auch schon vor meiner Erkrankung bestand, wird vorsichtshalber noch mal die Schilddrüse untersucht. Das Ergebnis zeigt jedoch keine Anhaltspunkte für eine »Thyreoditis«. So weit, so gut. Ich muss Gelassenheit üben. Und Hilfestellungen suchen, die ich auch finden werde!

Die Narbe an meiner Brust ist definitiv nicht die schlimmste! Auch während des Gesundheitstrainings, das in der zweiten Woche meines Aufenthaltes beginnt und täglich im Vormittagsbereich stattfindet, fällt mir auf, wie gesund ich mich trotz allem fühle und dass ich nach wie vor ein bisschen stolz auf meinen Körper bin. Ist dieses Gefühl unangebracht? Oder gar verwerflich? Möchte ich mich damit von der Masse absetzen, der Einäugige unter den Blinden sein? Aber meine gesamte Biographie ist anders als bei den meisten, so sinniere ich, war ich früher als junge Frau scheu und schüchtern und eher blass und kraftlos, so haben sich mein Selbstbewusstsein, meine ganze Haltung und damit wohl auch meine Ausstrahlung erst mit zunehmendem Alter und aufgrund vieler Erfahrungen und Erlebnisse entwickelt. Und ist es nicht gut, dass selbst die Erfahrung »Brustkrebs« mein positives (körperliches) Selbstbild zumindest nicht in seinen Grundfesten erschüttern konnte und ich mich weiterhin als Gottes Geschöpf ansehen kann, an dem Gott Freude hat, weil er es für sehr gut befindet? (angelehnt an 1. Mose/Genesis 1, 31) Ganz klein und fast ein wenig verschämt vermerke ich meine Erkenntnis als letzten Punkt auf meinem Zettel. Wir sollen aufschreiben, worauf wir stolz sind. Es ist eine von vielen Übungen, die uns das positive Denken lehren sollen. Mich auf das Positive in meinem Leben zu besinnen, fällt mir nicht schwer. Es gibt viele Dinge, für die ich dankbar bin, die ich gut kann oder gern tue. Während der Visualisierungsübung zieht Venedig mit dem Canale Grande an meinem inneren Auge vorbei – schließlich ist das Kraft spendende Sabbatjahr, das ich im Nachhinein so dringend brauchte, auch gerade erst vorbei –, ich sehe blühende Gärten, sonnenbeschienene Schweizer Pisten, mich selbst im Liegestuhl, unter Freunden am Spieletisch und mit meinem Lebensgefährten italienische Köstlichkeiten in unserer Stammpizzeria genießend. Es fehlt mir nicht an positiven Bildern, und auch die täglichen »Perlen des Tages«, mit denen das Morgenritual beginnt, kann ich mühelos präsentieren. Mein »Energiefass« ist eigentlich recht voll. Das Training ist gut, aber für mich nichts Umwerfendes, das mich aktuell ruhiger und gelassener werden ließe.

Auch die Gesprächskreise gefallen mir nicht sonderlich, haben eher eine kontraproduktive Wirkung. Es wird zu viel geweint und geschimpft, über die Ärzte, die Familie und das Schicksal im Allgemeinen. Larissa und Kim, meine beiden Tischgenossinnen, haben es mir gleich gesagt, als sie mich überreden wollten, lieber mit ihnen an den Strand zu gehen und dort in einem der zahlreichen Strandkörbe die ersten Sonnenstrahlen zu genießen. Und da ich ein erwachsener Mensch bin, der zudem gerade noch einmal gesagt bekommen hat, was er vorher schon wusste, nämlich, dass es bedeutsam ist, nichts zu tun, was man nicht will und was einem nicht gut tut, verlasse ich die Veranstaltung vorzeitig und spaziere hinaus in den Sonnenschein. Ein Strandspaziergang bis zum Zentrum von Wyk ist immer angesagt, und ein Stück Friesentorte ebenso. Auf dem Rückweg erspähe ich Larissa und Kim, die sich gerade aus ihrem Strandkorb erheben. Gemeinsam schlendern wir zurück. Gleich ist Abendbrotzeit, und die ist in unserem Etablissement – wie bereits beschrieben – nicht zu verachten!

Besonders mit Larissa, die als einzige nach vergleichbarer Behandlung ähnlich fit ist wie ich, verbringe ich einen größeren Teil meiner Freizeit. Nach vormittäglichem Sportprogramm, nach Wasser- und Funktionsgymnastik und/oder der Straffung von »Bauch, Beinen und Po« erkunden wir an so manchem Nachmittag und am Wochenende die grüne Insel per Leihfahrrad. Wir besuchen die hübschen Orte, die fast ausnahmslos mit der Silbe -um enden, bewundern die Haustüren der kleinen Friesenhäuser, den Friesendom in Nieblum, die Borsumer Mühle, spazieren am schönsten Badestrand der Insel in Utersum entlang und probieren natürlich die sprichwörtliche Sahnetorte in Oldsum.

Auch halten wir uns des Öfteren gemeinsam in dem kleinen Gartenhaus auf, das zur Klinik gehört und zu einem Atelier für die Patienten umfunktioniert wurde. Hier findet die Kunsttherapie statt, an der Larissa von Anfang an teilgenommen und mich in ihrer Begeisterung zum Mitmachen inspiriert hat. Wir malen und malen und malen, meist großflächig und mit Acrylfarben. Man darf sich auch außerhalb der Therapiezeiten bei den Schwestern den Schlüssel holen, wenn man ihn zuverlässig bis 21.00 Uhr wieder abgibt. Bis dahin kann man also frei schalten und walten, allein oder mit mehreren. Meistens sind es zwei bis drei Leute, die sich zur gleichen Zeit im Atelier befinden, nicht selten ist man aber auch allein. Die hier verbrachte Zeit füllt mich aus. Hier verbrauche ich meine überschüssige Energie, wenn ich mit Farben experimentiere, Motive sich entwickeln lasse oder gezielt versuche, meine Strandkorbskizzen in Farbe zu übertragen. Meine Bilder gelingen mehr oder weniger, aber einige werde ich schon mitnehmen und vielleicht in meinem Arbeitszimmer aufhängen, als Spiegel meiner Seele und zur Erinnerung an eine bedeutsame Zeit, die ich dann hoffentlich mehr und mehr hinter mir gelassen habe.

Neben den Therapieangeboten und dem Pflichtprogramm für alle werden besonders abends vielfältige Freizeitangebote gemacht, die am Schwarzen Brett aushängen. Man darf auch selbst Vorschläge machen und per ausgehängter Liste Gleichgesinnte suchen. So kommt es, dass ich mich eines Abends mit Martina zum Tischtennisspielen treffe. Ich weiß, sie hatte auch ein Mammakarzinom und wundere mich über ihr langes Echthaar, erzählte sie doch letztlich etwas von einem Lymphknotenbefall. Ich frage sie, ob sie keine Chemo bekommen habe. Sie berichtet, dass sie eine solch aggressive Behandlung entgegen ärztlichem Rat für sich abgelehnt habe, genau wie die Einnahme der üblichen Antihormone. Bei einer ebenfalls erkrankten Bekannten, so berichtet Martina, habe die Chemotherapie überhaupt nichts genützt und die Einnahme der Tabletten dazu geführt, dass diese Frau jetzt zusätzlich noch an der Glasknochenkrankheit leide! Sie selbst bevorzuge eine Misteltherapie, die sie nach der AHB ernsthaft betreiben möchte. Ich spiele nie wieder mit Martina Tischtennis!

Aber der Orientalische Tanz macht mir erstaunlicherweise Spaß, obwohl mir eigentlich der passende Bauch dazu fehlt und ich mich beim Schwingen der Hüften als völlig untalentiert erweise.

Alle wollen eine Verlängerung, als die Anschlussheilbehandlung sich dem Ende zuneigt. Und sie wird ausnahmslos gewährt, soweit ich es mitbekomme. Nur ich will keine. Obwohl ich mich letztendlich eingewöhnt hatte und die Maßnahme für mich nutzen konnte, bin ich doch im wahrsten Sinne des Wortes »heilfroh«, entlassen zu werden und noch ein paar unkontrollierten Tagen auf Föhr in anderem Ambiente gemeinsam mit meinem Mann entgegensehen zu können!

Von unserer kleinen Ferienwohnung aus starten wir in den Tag. Ich kann ihm noch einmal alles zeigen, was mir sehenswert erschien. Und Neues gibt es auch noch zu entdecken. Öfters schlendern wir auch am Sanatoriumsgelände vorbei, das ja direkt an der Uferpromenade liegt.

Ich gehe vorbei an dem mintgrünen Gebäude, aber nicht mehr hinein, ich treffe ehemalige Mitpatienten, aber ich gehöre schon nicht mehr dazu. Vertrautheit und Distanz vermischen sich. Meine Erkrankung wird bereits Geschichte, eine Geschichte, die sich hoffentlich nicht wiederholt. Doch zum Glück kann niemand in die Zukunft sehen. Ich will meine Chancen im Hier und Jetzt und im Vertrauen auf Gott sehen und ergreifen und meine Narben, die das Leben nicht nur an meinem Körper hinterlassen hat, pflegen, so gut ich kann. »In Ängsten, und siehe, wir leben!« [12] Und das Leben kann wunderbar sein!

Narbenpflege

Ich nehme meine Kiste und schließe sie.

Sie ist nur noch halb voll, meine lila Kiste. Einiges habe ich daraus entfernen können. Notizen, Papiere, Infos, die mir nicht oder nicht mehr relevant erscheinen und die ich zerreißen und hinter mir lassen kann. Jetzt wölbt sich der Deckel nicht mehr über der Fülle des Inhalts, sondern lässt sich gut verschließen. Die Kiste ist leichter geworden und meine Seele auch. Ein weiterer Schritt ist getan. Die Bilder der Vergangenheit, von mir erinnert und oft schmerzhaft hervorgehoben, dürfen jetzt weiterziehen. Doch auch verblasste Narben bleiben, wie wir Menschen wissen, und alles Mögliche kann mit ihnen geschehen. Sie können unser Leben im Nachhinein bereichern, weil das Bewusstsein für Glück und Zufriedenheit deutlicher wird nach einer Grenzerfahrung. Vielleicht reißen die Narben auch hier und da noch einmal auf und verlangen nach erneuter Pflege. Ich hoffe, dass mir in diesem Fall die passenden Mittel gegeben sein werden, schöpfe ich doch aus der Kraft des Glaubens. Aber gegenwärtig, und nur hiervon kann und will ich sprechen, gegenwärtig sitze ich unter dem blauen Himmel auf der Terrasse meines wunderschönen Gartens, während ich diese Zeilen schreibe, genieße den Blick auf die sattgelben Osterglocken vor mir und die ersten Sonnenstrahlen des Frühlings auf meinem Gesicht, fühle mich glücklich und frei.

Ich betrachte mein Glaubensarmband, bestehend aus 18 Perlen, die in der Sonne viel versprechend glitzern. Auch in schweren Zeiten existieren nicht nur leidvolle Erfahrungen, sondern auch kleine Schätze, die mitunter entdeckt und zu Wegbegleitern werden können. Die Idee zu diesem Armband aus Glaubensperlen wurde unserer kleinen Gruppe während einer sonntäglichen Andacht in der Klinik nahe gebracht. Jede der 18 Perlen hat ihre eigene Bedeutung, die bei einigen Perlen festgeschrieben ist, zum Teil aber auch variabel, je nach dem Auge und den Bedürfnissen des Betrachters und Trägers. In einem kleinen Schmuckladen im Zentrum von Wyk werden die absolut erschwinglichen Armbänder gemeinsam mit dem Käufer zusammengestellt. Es sind hübsche Perlen, aber keine zu teuren, bis auf einige Ausnahmen, die sein müssen, so finde ich, um ihre Besonderheit zu betonen. Meine teuersten Perlen sind die Gottes- und die Ichperle, die eine etwas größer und goldfarben aus Doublé, die andere eine weiße Süßwasserzuchtperle. Die dritte wertvollere blaue Perle steht für die von mir so sehr erstrebte Gelassenheit; es handelt sich um einen Lapislazuli. Weiterhin besteht mein Armband aus zwei roten Perlen für die Selbst- und Nächstenliebe (Schaumkoralle), einer Wüstenperle (Lava), einer schwarzen Perle, die Nacht und Tod symbolisiert (Rauchquarz), drei dunkel schimmernden Perlen für die Geheimnisse, die jeder Mensch in sich bewahren darf und nicht preisgeben muss (Turmalinquarze und Bergkristall), und nicht zu vergessen aus einem weiteren hellen Bergkristall, dem Symbol für die Auferstehung. Diese Perlen werden jeweils eingerahmt von den Perlen der Stille. Es sind sieben an der Zahl, woran erkennbar ist, wie wichtig auch sie mir sind. Die warmgelben Aragonitperlen schaffen die Verbindung zu allen anderen. Es bedarf unbedingt der Stille, vor der so mancher vielleicht gerade deshalb flüchtet, um Gott und sich selbst zu hören, die Nacht zu überstehen und die Wüste zu durchqueren. Bei allen Wünschen nach Begleitung und Kommunikation sind Zeiten der Stille, in denen ich allein und für mich bin, die länger, aber auch kurz sein können, für mich unverzichtbar geworden. Und ich nehme sie mir, diese Zeiten, ziehe mich zurück oder signalisiere meinem Umfeld, dass ich für eine bestimmte Zeit nicht gestört werden möchte. Schon immer konnte ich gut alleine sein, ohne mich zu langweilen oder einsam zu fühlen, und jetzt muss ich außerdem noch eine neue Narbe pflegen, die das Leben mir beigebracht hat und die beachtet werden will, hin und wieder, nicht permanent. Denn das Leben geht weiter, solange man nicht stirbt, und vor mir steht schon die nächste Kiste, weiß und unschuldig wie ein Hochzeitskleid.

11
Simonton-Methode, nach Dr. O. Carl Simonton, Facharzt für Strahlentherapie und Onkologie, in Anlehnung an 2. Kor. 6, 3 - 10

3. Träumhochzeit

»Wenn ich die Sprache aller Menschen spräche und sogar die Sprache der Engel kennte, aber ich hätte keine Liebe –, dann wäre ich doch nur ein dröhnender Gong, nicht mehr als eine lärmende Pauke.«
(1. Kor.13, 1)

»Wer liebt, der gibt niemals jemand auf, in allem vertraut er und hofft er für ihn; alles erträgt er mit großer Geduld.«
(1. Kor. 13, 7)

»Auch, wenn alles einmal aufhört – Glaube, Hoffnung und Liebe nicht. Diese drei werden immer bleiben; doch am höchsten steht die Liebe.«
(1.Kor.13, 13)

Wieso rangiert die Liebe eigentlich noch vor dem Glauben? Kann ich denn noch lieben, auch wenn ich nicht mehr glaube? Geht das, überlege ich? Aber was ich nicht kann, kann Gott allemal. Er kann mich lieben, auch wenn ich zweifle, nichts von ihm wissen und mein eigenes Ding machen will. Es ist seine Liebe, die groß, verzeihend und weit genug ist, mich immer wieder zu finden und einzuholen, selbst am anderen Ende des Kontinents, selbst wenn ich mich drei Tage und drei Nächte wie Jona »im Bauch eines Fisches« befände[13], an einem Ort, den ich nicht gewählt habe und wo ich nie sein wollte. Ist es an der Zeit, spuckt der Fisch mich wieder aus[14], und da stehe ich, Angesicht in Angesicht, da stehe ich und kann nicht anders. Und will nicht anders. Und glaube: daran, dass ich einzigartig bin trotz meiner Unbedeutendheit. Daran, dass etwas von mir bleibt trotz meiner Sterblichkeit. Daran, dass nichts vergeblich geschieht und sinnlos ist, sondern in einem größeren Zusammenhang steht, den zu begreifen mir noch nicht gegeben ist. Daran, dass etwas von mir bewegt wird zum Guten hin, auch wenn es so winzig sein mag wie ein Staubkörnchen im Weltall. Daran, dass viele Staubkörnchen sich finden und »dein Reich komme« (Gebet »Vaterunser«), irgendwann, irgendwie. Und ich bete: dass meine Familie und alle meine Freunde und überhaupt am liebsten alle Menschen ihr Scherflein beitragen und dabei sein dürfen bei der Premiere. Auch die »Bösen«, die sich gar nicht oder wenig kümmern um dich, Herr, die aber eigentlich oft »lieber« sind als ich. (Machen wir uns nichts vor!) Sie setzen sich oft so viel mehr ein als ich, sind engagierter, präsenter. Wie kann das sein? Haben sie denn der Liebe nicht? Haben sie, doch sie schöpfen offensichtlich aus anderen Quellen! Wie kann das sein? Du allein bist doch die Quelle des wirklichen Lebens! Fragen bleiben, und manchmal mache ich mir Sorgen. So bleibt mir nur das Gebet, in das ich alle einschließen kann. Ich kann weitergeben, was ich nicht verstehe und darauf vertrauen, dass du verstehst und die Geheimnisse kennst, die mir verborgen bleiben. Deine Liebe lässt mich ruhig sein trotz aller Wirren. Ich kann mich daran wärmen, auch an einem nassgrauen Tag. Ich spüre deine Gegenwart und Liebe mit Gewissheit. Also glaube ich.

Der Fisch hat mich ausgespuckt. Ich bin zurück aus seinem Bauch, zurück aus dem Dunkel und blicke nach vorn, hoffnungsvoll und in Erwartung.

Es ist die hohe Zeit der Liebe, die jetzt beginnt.

Es ist die hohe Zeit für die Besiegelung einer Partnerschaft, die sich nun schon über mehr als dreizehn Jahre bewährt hat. Wir träumen von einer Hochzeit auf einem Leuchtturm und wir finden diesen auf der Insel Neuwerk.

Und wir finden noch einen anderen »Leuchtturm«, der aus der Masse herausragen wird, wie es sich für einen Leuchtturm gehört, und doch auf eine ganz andere Art und Weise. Denn in Wirklichkeit ist unser Leuchtturm ein altes bergisches Haus, um die Jahrhundertwende erbaut, verschiefert bis auf den Sockel, vernachlässigt vorgefunden und nun erstrahlend in neuem Glanz, frisch gestrichen und lackiert, mit dunkelroten Schlagläden an den Fenstern und frischen bunten Blumen auf den Fensterbänken. Jeder im Ort kennt unser Haus. Und jeder lobt und bewundert es. Wir haben es verwandelt, mit Hilfe unserer polnischen Arbeitstruppe und einigen Freunden, im Schweiße unseres Angesichts und oft am Rande unserer Kraft. Unter Mühen und Zeitdruck sowie mit einer gehörigen Portion Ungewissheit bis zum Schluss. Aber nun ist er gefunden, »unser Leuchtturm«, in dem wir uns schon so sehr heimisch fühlen und der nicht irgendwo an der Küste steht, sondern mitten in einem besonderen Ortsteil unserer Stadt. Und das ist noch nicht alles, denn wir haben auch noch Zuwachs bekommen! (Nein, das nicht, aus dem Alter sind wir raus!) Wir haben dieses Haus gemeinsam mit meinen Eltern gekauft, beide im satten Alter von etwa 80 Jahren, damit auch sie noch einmal eine letzte neue Heimat finden und die Unterstützung, die sie brauchten und die ihnen zusteht. Der prekären Situation, in der sich meine Eltern befanden, haben wir die Idee unseres späten Hauskaufs überhaupt zu verdanken, eine Idee, die dann schnell realisiert wurde, da die Zeit drängte. Inzwischen ist mein Vater verstorben und nur noch meine Mutter lebt bei uns, sich allmählich erholend von den Strapazen einer langjährigen Pflege, die am Schluss kaum noch zu leisten war.

Mein Vater konnte hier im Hause nach langer Krankheit sterben. Und ich konnte meinen Frieden mit ihm schließen. So ist es auch die hohe Zeit der Versöhnung und des Neubeginns, die hier im Hause ihren Anfang genommen hat.

Träume sind keine Schäume

Ich nehme meine wunderbare weiße Kiste, die sich mir hell und verlockend präsentiert, und es ist ein bisschen wie Weihnachten – weiß ich doch gar nicht mehr so genau um ihren Inhalt. Ich packe jede Menge Glückwunschkarten aus, die uns liebe Menschen anlässlich unserer Hochzeit geschrieben haben und nehme mir die Muße, sie noch einmal in Ruhe zu lesen.

Ich sortiere. Die uns besonders lieben Menschen haben auch Besonderes zu sagen, sehr Spezielles, Nachdenkenswertes, Schönes und Schmeichelhaftes, da sie uns mit den Augen der Freundschaft sehen und unsere positiven Eigenschaften herausstellen. Uns so bewahrheitet sich gleich eine der kleinen Weisheiten, die sich berühmte Leute ausgedacht haben und die meine Freundin Lisa in einem kleinen, schön eingebundenen Büchlein für uns gesammelt und handschriftlich festgehalten hat: »Ein Freund ist einer, der alles von dir weiß und dich trotzdem liebt« (John Lennon). Ich freue mich, dass ich echte Freunde habe! Und ein Gefühl der Dankbarkeit erfüllt mich!

Ich freue mich auch über die netten Wünsche und Worte einer Kollegin, zu der ich eigentlich keine engere Beziehung habe und die so ganz anders ist als ich, die aber durch ihre absolute Authentizität besticht und mit der man wunderbar reden und lachen kann. Sind wir beide dabei, teilen wir uns auf Lehrerausflügen schon mal gerne ein Zimmer. Sie hat eine Karte ausgewählt, auf der steht: »Glück ist, wenn jemand an Dein Glück denkt.« Und ich möchte hinzufügen: ... und es dir gönnt trotz eigener Defizite. Susi ist rank und schlank (»Mein Körper ist mein Kapital«), ziemlich konservativ (chic, steht auf Geschäftsmänner, möglichst mit Geld) und alleinstehend. Sie ist ständig auf der Suche nach ihrem Traummann, an den sie hohe Ansprüche stellt und der sich auch deshalb nur schwer finden lässt. Sie würde ihr Leben auch gern in trauter Zweisamkeit verbringen, aber nicht um jeden Preis! So blickt sie auf unser Glück, das sie »irgendwie besonders« findet, wie sie schreibt, ohne Neid. Sie fühlt sich nicht zurückgeworfen auf die eigene Einsamkeit im Angesicht unseres Glückes, sondern freut sich, dass eine Beziehung ohne faule Kompromisse doch wohl im Bereich des Möglichen liegt. Das macht Hoffnung! Leider erweist sich das Terrain der Staudengärtnerei, auf dem wir unsere superschöne Hochzeitsparty feiern, als nicht sehr ergiebig im Hinblick auf für Susi attraktive und reiche Männer, die dann auch noch zu haben sind! Es gibt viele schöne Blumen und Stauden, aber offensichtlich nur wenige schöne Männer. Der einzige, der ihr gefällt, ist der Fotograf, der Frau und Tochter hat und mit seiner Familie zu unseren »ganz lieben« Freunden zählt. Tut mir Leid, Susi! Aber ich wünsche dir viel Glück bei deiner weiteren Suche und hoffe, dass dein Traum in diesem Leben in Erfüllung gehen wird und du ihn leben kannst! Auch später! Auch wenn du schon über 50 bist! Wie wir!

Denn: »Für die wirklich guten Dinge im Leben ist es nie zu spät!« So steht es auf der Glückwunschkarte unserer beiden Lehramtsanwärterinnen, also der ganz jungen Kolleginnen, bei denen »Altenhochzeiten« eher nicht so an der Tagesordnung sind. Auf der Karte abgebildet ist ein wirklich altes Ehepaar (mindestens 70), das sich in einem irgendwie historisch anmutenden Fahrzeug sitzend (kenne mich da nicht so aus) küsst. Wissen sie, wie Recht sie haben? Solange man noch Luft zum Atmen hat, ist es nie zu spät, Dinge zu tun, die zu positiven Veränderungen führen. Im Unerträglichen zu verharren, und selbst nur im Erträglichen und Mittelmäßigen, wenn die Realisierung lang gehegter Träume als Möglichkeit am Horizont erscheint, raubt Lebensenergie und entspricht nicht der göttlichen Vorsehung eines »Lebens im Überfluss« [15].

So lautet einer der von Lisa ausgewählten Sprüche: »Träume nicht dein Leben. Lebe deinen Traum!« (Goethe) Es ist oft lapidar gesagt und in der Realität nicht immer einfach umzusetzen, dennoch sollten wir Menschen die Messlatte so hoch hängen und versuchen, sie zu erreichen, denn wir dürfen und sollen es!

Ein Leuchtturm zum Heiraten

Unsere Träume rücken in greifbare Nähe. Nach diversen Internetrecherchen materialisiert sich »Leuchtturm Nr.1«. Das über 700 Jahre alte und 40 Meter hohe Gebäude ist der unübersehbare zentrale Punkt der Miniinsel Neuwerk, der wir uns an einem Julitag des Jahres 2011 gemächlich per Wattwagen nähern. Wir sind froh, dass wir es bis hierher geschafft haben, erwies sich doch die Kutschfahrt als weniger romantisch als gedacht, woraufhin vor allem mein Mann zunächst für eine Weile in frustriertes Gemurmel verfiel. Naja, nicht nur wir haben gute Ideen! Auch die anderen hundert Leute, die in Cuxhaven-Sahlenburg am Strand vor den Wattwagen Schlange stehen, nachdem der Wagen endlich adäquat untergebracht ist, haben aus guten Gründen das Besondere gewählt! Eine Wattwagenfahrt wie aus dem Internet-Bilderbuch – »abgeschlossen von der lärmenden Welt ziehen vier Pferde einsame Kutsche durchs Watt« – gibt es für keinen! Aber die wartenden und watenden Menschen um uns herum zu beobachten, kann auch ganz lustig sein! Zwei weitere Brautpaare sind mit von der Partie. Die einen mit kompletter Hochzeitsgesellschaft, die bereits auf einem der Wagen Platz genommen hat, während das Brautpaar die Hosenbeine hochkrempelt, weil es Schritt für Schritt durch den Schlamm den Weg zum Turm und damit zum Traualtar zurücklegen muss. Steckt hier ein tieferer Sinn dahinter? Sind »nette Freunde« für diese Idee verantwortlich? Eigentlich eine witzige Idee, so denke ich, als Mia mich mit einem Jubelschrei aus meinen Gedanken reißt und in die Gegenwart zurückholt. Sie hat mal wieder Seehunde entdeckt, die sich bei genauerem Hinsehen als ganz gewöhnliche Hunde entpuppen, die begleitend neben den Wattwagen herlaufen. Tja, unsere Freundin Mia ist, wenngleich deutlich jünger als wir, eben auch keine Dreißig mehr! Unsere Mitfahrer, Zeugen des Geschehens, schmunzeln, als wir anderen drei auf unsere Sehhilfen verweisen und Mia beschwichtigen. Irgendwann geht's eben los mit dem Älterwerden, und eine Brille ist gar nicht so schlimm und bewahrt mitunter vor schwerwiegenden Irrtümern!

Inzwischen nähern wir uns dem historischen Leuchtturmgebäude, das seit 1924 unter Denkmalschutz steht. Es strahlt Gemütlichkeit aus. Und tatsächlich herrscht hinter den dicken rötlichen Backsteinmauern, die neben der Leuchtturmwärterwohnung noch insgesamt neun weitere Räume beherbergen (von denen sieben liebevoll als Gästezimmer hergerichtet wurden) eine behagliche Atmosphäre. Hierzu tragen vor allem die vielen Nischen in jedem Zimmer bei, die sich in dem eckigen Gebäude ganz natürlich ergeben und aus verschiedenen Blickwinkeln auf die Weite und Natur des Hamburgischen Wattenmeeres verweisen. Denn zu diesem Nationalpark gehört die nur drei Quadratkilometer große Insel, die man in etwa einer Stunde zu Fuß umrunden kann. Ist also nichts für einen dreiwöchigen Sommerurlaub! Wasser, Wasser, Wasser, wohin und aus welchem der Turmfenster man auch schaut. Aber unseren Freunden und uns, die wir für ein Wochenende zwei der sieben Gästezimmer aus bekanntem Grund bewohnen werden, gefällt es.

Wenige Stunden nach unserer Ankunft werden wir im Leuchtturm getraut. Unsere Standesbeamtin freut sich, denn muss sie von Amts wegen anreisen, gönnt sie sich immer gleich mit ihrem Mann ein Wochenende auf der Insel. Die Trauung ist genauso besonders wie von uns gewünscht und verläuft dennoch unspektakulär im kleinen ruhigen Rahmen. Auch die Ringe passen vorzüglich über unsere nicht geschwollenen Finger, was laut der Standesbeamtin eher die Ausnahme als die Regel ist. Es sind ja auch unsere langjährigen Freundschaftsringe, die wir nicht wirklich ablegen wollten und deshalb nur per Gravur zu Eheringen haben aufwerten lassen (vgl. Kap.1). Nun noch ein paar Unterschriften, und unsere Ehe ist wahrscheinlich rechtskräftig. Zweifel bleiben, waren doch die Personalausweise unserer Trauzeugen schon längst abgelaufen, was von der Standesbeamtin zum Glück übersehen oder geflissentlich ignoriert worden ist. Sind eben die »Flodders«! Und wir hätten ja auch ohne Trauzeugen heiraten können! Wollten wir aber nicht. Fanden es mit den »Flodders« schöner! Außerdem brauchten wir jemanden, der verlässlich filmt, ohne sich durch unser Gemecker aus dem Konzept bringen zu lassen, damit wir auf der geplanten Party eine Woche später unseren Gästen einen kleinen Film präsentieren konnten. Es musste jemand sein, der zäh ist, unsere immer wieder auftretenden Verweigerungstendenzen ignoriert und stoisch auf der Wiederholung der Szenen beharrt, die noch nicht für wirklich filmreif erachtet werden. Kurzum: wir brauchten Mia! Und Oskar. Obwohl der eher als Lastenträger agiert, was sich nicht nur auf das Stativ bezieht, sondern auch auf Koffer, Taschen oder den Brautstrauß, den es eben mal zu halten gilt, und manchmal auch auf alles zusammen! Es ist eben nicht leicht, gute Freunde, mit besonderen Aufgaben betraut, beim Heiraten zu begleiten und erfordert jede Menge Geduld und guten Willen! Danke euch beiden, dass ihr euch so tapfer geschlagen habt! Und dir, Mia, für den wunderschönen Brautstrauß, ein Bouquet aus Rosen, Wicken, Lavendel, Efeu und Gräsern in zarten Farben, versetzt mit Perlen und kleinen Muscheln, auf Silberdraht aufgezogen. Leider ist der Strauß inzwischen vertrocknet statt getrocknet. Letzteres ist mir unglücklicherweise nicht gelungen. Bin eben auch ein Flodder! Aber trösten wir uns: Schönheit ist ohnehin vergänglich, doch die Erinnerung bleibt solange wir Abbilder haben und in Film und Bild schwelgen können.

Zwischendurch werden Kamera und Stativ auch immer mal wieder verstaut und wir freuen uns darüber, wie schön es ist, sich spontan und frei auf der Insel bewegen zu können. Oft lassen wir uns in einer kleinen Gastwirtschaft gegenüber des Leuchtturms nieder, um »Doppelkopf« zu spielen. Und natürlich folgt auf jede »Hochzeit« ein Hoch! (Randbemerkung für Nichtspieler: jemand hat »Hochzeit«, wenn er beide Kreuzdamen in der Hand hält.)

Oder wir schlendern einmal um die Insel, vorbei an der winzigen Inselschule, die meistens nur ein bis drei Schüler zählt, an den wenigen Lokalitäten und kleinen Häuschen, die zurzeit ganze 36 Einwohner beherbergen, und erreichen wieder »Antje´s Leuchtturm«. Hier steht der einzige öffentliche Briefkasten der Insel, in den man besser keine wichtige Post einwerfen sollte, sind doch die Leerungszeiten gezeitenabhängig, und zwar von Montag bis Freitag und am Samstag. Am Sonntag wird sowieso nicht geleert. Man hat eben andere Prioritäten!

Der Job der Lehrerin sowie auch der des Briefträgers entbehren hier auf der Insel nicht einer gewissen Lässigkeit und Gemütlichkeit. Den Briefträger erwischen wir zu unserem Vergnügen gerade bei der Arbeit, als wir nachmittags alle vier auf einem Mäuerchen am Wegesrand sitzen und uns mit »Küstennebel« zuprosten. Es ist schließlich ausgesprochen unfein, sich den landestypischen Spezialitäten zu verschließen. Wir sind höfliche Menschen und außerdem sehr anpassungsbereit – jedenfalls manchmal. Der Postbeamte mit Kappe sitzt auf einem gelben dreirädrigen Gefährt, grüßt und grinst, als er an uns vorbeizieht, und wir tun es ihm gleich. Welche Muße! Ich denke kurzfristig über eine Versetzung nach. Die Unterrichtung von nur wenig mehr als einem Schüler würde mich gewiss auch eine Weile ausfüllen! Aber die anwesende Lehrerin, so haben wir gehört, möchte ihren Vertrag aus unerklärlichen Gründen noch einmal für vier Jahre verlängern, und mehr Leute brauchen die wohl nicht. Schade eigentlich. Aber was soll´s, verlassen wir die Insel eben wieder. Irgendwann kommen wir bestimmt noch mal zurück, allein schon wegen des einmaligen Sonnenuntergangs! »Moin!«

Ein »geweihter« Ort zum Feiern

Die Staudengärtnerei »Arends Maubach« in Wuppertal-Ronsdorf hat Tradition und ist weit über die Grenzen des Bergischen Landes hinaus bekannt. Es ist nicht selbstverständlich, dass wir hier an diesem besonderen mystischen Ort feiern dürfen, der sich über ein riesiges verwinkeltes Areal erstreckt, circa 1600 verschiedene Stauden beheimatet und in vierter Generation von der Urenkelin des Gründers Georg Arends am Leben und in Bewegung gehalten wird. Für Anja Maubach ist »Garten Leidenschaft«[16], und das spürt man, wenn man das Gelände erkundet, den geraden Weg verlässt, den Windungen folgt und das Glück hat, auch den manchmal für Besucher geöffneten privaten Teil durchschreiten zu dürfen. Die kleinen und großen Pflanzenbewohner umspielen diverse Wasserflächen, die auf verschiedenen Ebenen angeordnet sind. Chinagräser wiegen sich gemächlich vor einem Glashaus. Perspektiven wechseln und lassen das Besondere im Alltäglichen erkennen. Stauden, die hier gedeihen, »in der rauen Lage des Bergischen Landes, gedeihen überall.«[17] Manchmal sind sie prächtig anzusehen in ihren gelben, orange-, rot- oder lilafarbenen Kleidern, und manchmal zeigen sie uns ihre »nackten, unrasierten Beine« (Anja Maubach), je nach Jahreszeit. Wer will und kann schon immer gut aussehen? Solange wir um unsere Möglichkeiten wissen und die Mittel dazu haben, uns immer wieder neu zu erfinden und zu präsentieren, kann ein temporärer Rückzug ein durchaus geschickter Schachzug sein, steigert er doch die Vorfreude auf die Wiederkehr. Wer sich rar macht, wird mehr beachtet, das nicht Selbstverständliche gewinnt an Wert. Auch die Geduld ist eine Gärtnertugend! Wie freue ich mich im Herbst schon auf den Frühling, nachdem ich alle Blumenzwiebeln in der Erde versenkt habe. Da liegt er, der nackte Acker, im Sommer noch eine einzige Wildblumenwiese, jetzt kahl, jedoch in Erwartung!

Wer in unserer Staudengärtnerei lustwandelt, kann sich vom Alltagsballast befreien, die Seele baumeln und in die Ferne schweifen lassen. Im wahrsten Sinne des Wortes! An höchster Stelle des Geländes kann der Betrachter nämlich von einem glasummantelten Sessel aus in die Weite blicken, sofern er die Muße hat, so weit gekommen ist und sich nicht bereits von den Verlockungen im Eingangsbereich hat ausbremsen lassen. Ist das Gartencafé geöffnet, so gibt´s hier nämlich kleine Leckereien im gemütlich bergischen Ambiente sowie die Möglichkeit, Gartenprodukte im weiteren Sinne sowie besondere exklusive Artikel zu erwerben.

Hier werden Visionen wahr, und wem die Fähigkeit abgeht, diesem Ort den ihm gebührenden Respekt zu zollen, der sollte hier lieber keine Festlichkeit zelebrieren. So steht es der Chefin ins Gesicht geschrieben, als sie unser Anliegen, hier mit einer größeren Gesellschaft zu feiern, einer ungewohnten und zunächst irritierenden Prüfung unterzieht. Ohne die ausdrückliche Empfehlung unserer Freundin Luisa, einer »Ureinwohnerin« und mit Frau

Maubach gut bekannt, wären wir von vornherein chancenlos gewesen. Randalierende Menschenmassen, die womöglich einzelne Pflanzen zertrampeln, gar betrunken in die Beete brechen, Gegenstände aus dem Verkaufsraum entwenden oder sich ungebührlich laut, womöglich in Fäkalsprache über die Stille und Würde des Ortes hinwegsetzen, sind nicht erwünscht.

Bei allem Verständnis empfinden wir die vielen detaillierten Fragen, die sich nicht nur auf Art und Anlass unserer Feier, sondern beispielsweise auch auf die Essensplanung beziehen, als befremdlich. Müssen die Nachbarn informiert werden oder nicht? Werden wir ab Mitternacht leise sein? Ich bin eingeschüchtert, weiß es nicht und stimme zuerst allen Bedingungen zu. Ich will nur in diesem Garten feiern und sonst nirgendwo! Später, nicht mehr der paralysierenden Wirkung der »Wächterin des Gartens Eden« ausgesetzt, bin ich zum Glück wieder in der Lage, unsere Vorstellungen zu konkretisieren und auch meinerseits ein paar Bedingungen zu stellen. Schließlich sollen wir, bei allem Idealismus, eine gute Stange Geld für die Anmietung des kompletten Geländes bezahlen. Wir möchten unseren Gästen und uns selbst nicht das Lachen und Tanzen nach Mitternacht verbieten, und den diesbezüglichen unvermeidlichen Geräuschpegel können wir nicht einschätzen. Deshalb, »ja«, wir möchten die Nachbarn informiert wissen! Aber ebenfalls »ja« zu der Anfrage von Anja Maubach, ob sie zu Beginn der Feier ein paar Worte an die Gäste richten dürfe. Frau Maubach ist zufrieden, und wir sind es auch.

Es wird eine wunderschöne und einmalige Feier, finden nicht nur wir, sondern auch unsere rund 70 Gäste. Die komplette Bestuhlung und Ausschmückung von Verkaufsraum und Packschuppen haben wir dem Gärtnerteam überlassen. Blütenweiße Leinendecken auf rustikalem Untergrund und überall ausgefallene Wiesenblumensträuße, die wir am Ende auch noch mitnehmen dürfen, betonen das spezielle Ambiente dieses Ortes. Er ist es, der unser Fest besonders werden lässt, weil man an solch einem Ort seine Lasten fallen lässt, sich auf seine positiven Eigenschaften und seine Lebenslust besinnt und deshalb von innen heraus strahlen und lachen kann! Es wird eine Feier, die mit Augenmaß beginnt, mit kurzen prägnanten Reden und ausgesuchten Beiträgen unserer Freunde, die unsere Herzen höher schlagen lassen, und maßlos spät um vier Uhr morgens mit schmutzig wundgetanzten Füßen endet.

Der Hochzeitsfilm, mit fetziger Musik unterlegt, ohne überflüssige Längen, ist ein echter Knüller geworden! Wir sehen ihn uns bis heute in regelmäßigen Abständen an und sind immer wieder aufs Neue begeistert.

Mein geliebter Lehrerchor entspricht meinem Wunsch nach einem Segenslied und wünscht uns – wie passend! – mit dem Text von Martin Buchholz-Fiebig »Raum zum Träumen, einen Traum für morgen und den Mut, ihn heute schon zu leben; Zeit, zu schweigen und auf Gott zu hören, einen Ort, den Alltag zu vergessen …« Es ist ein so schönes Lied mit einer wunderbaren Melodie! Der komplette Text steckt hinten im Bilderrahmen eines Bildes, das einen Leuchtturm am Strand zeigt und von einem Lehrerchorkollegen selbst gemalt wurde. Das Bild hat natürlich einen Ehrenplatz in unserem Haus bekommen.

Unser Holländischkurs liefert eine bühnenreife Vorstellung ab: Königin Beatrix lässt sich herab, mit uns zu sprechen, die »Bodyguards« an ihrer Seite beeindrucken durch schwarze Sonnenbrillen und stahlharte Disziplin. Dank perfekter und routinierter Übertragung ins Deutsche ist die Ansprache der Königin auch leicht zu verstehen. Allerdings runzeln nicht nur die Kenner der niederländischen Sprache – und hiervon gibt es einige – die Stirn ob der zwar fließenden, aber doch wohl eigenwilligen Übersetzung. Hier stimmt doch was nicht?

Es gibt viel zu lachen und zu beklatschen, wir mittendrin auf den Ehrenplätzen, ich mit verliehenem Krönchen im Haar, um uns herum rustikales Mauerwerk und über uns das Geschenk von Carolin, ein gasgefüllter Ballon in Herzform, dessen Aufschrift von dem Ereignis kündet, dessentwegen wir alle hier versammelt sind.

Der Regen draußen beeinträchtigt die Stimmung nicht, klingt eher anheimelnd und wie Musik in meinen Ohren, ließ er uns doch zusammenrücken auf diesem riesigen Gelände, sodass es auch für Freund Torben, den beauftragten Fotografen, leichter war, die verschiedenen Profile und Situationen zu sichten und abzulichten. Das wunderschöne Hochzeitsalbum, das aus diesen Bildern entstanden ist, erinnert, so oft wir es mögen, an unsere tolle Feier mit tollen Gästen und in ebensolchem Ambiente. Es bleibt mir nur, allen Beteiligten zu danken, die zum Gelingen dieses Festes beigetragen haben!

Ein Leuchtturm zum Wohnen

Ich nehme meine Kiste und packe aus … Kostenvoranschläge und Rechnungen der Firma Prognatz, eine leere Wodkaflasche, eine Auswahl von Küchenkatalogen für Mamas neue Küche, ein Stück Dielenboden, geölt und in kaschmirgrau … Nachvollziehbar befinden sich weitere Utensilien aus der Zeit unserer aufwändigen Hausrestaurierung und -renovierung nicht in meiner Kiste, sondern mittlerweile in einem Garagenregal. Besonders zu nennen wäre hier die Dose mit den Resten dunkelroter Farbe der Marke RAL, Farbton 3004, von mir gut erinnert, da hart umkämpft! Trotz aller Skepsis von Seiten meines Ehemannes, des Bautruppenchefs namens Igor sowie diverser anderer Personen hatte ich mich durchgesetzt, sodass heute die Schlagläden an den Fenstern unseres Bergischen Häuschens in eben diesem besonderen roten Farbton erstrahlen.

Ein eigenes Haus stand nie ganz oben auf meiner Wunschliste an das Leben. Aber das Leben wollte es anders. Die unhaltbare Situation meiner fast 80jährigen Eltern erforderte eine tief greifende und schnelle Veränderung ihrer Lebenssituation. Die Kräfte meiner Mutter, in jeder Lebenslage bisher eine starke und resolute Frau, neigten sich aufgrund der bis dahin alleinigen Pflege meines Vaters, der an Parkinson litt, bedrohlich dem Ende zu.

Ihr bisheriger Wohnort in Niedersachsen war zu weit weg, um häufig genug vor Ort zu sein.

Diverse Pläne, die zwischen uns, meinen Töchtern und meiner Mutter entstanden und später wieder verworfen wurden, gipfelten letztendlich in dem Beschluss eines Hauskaufs zum gemeinsamen Bewohnen mit meinen Eltern. Etwa ein Drittel des nötigen Kapitals konnten meine Eltern beisteuern, sodass wir, mit unserem Lehrergehalt und vor allem unseren Lebensversicherungen im Rücken, diesen Schritt auch im fortgeschritteneren Alter wagen konnten!

Und dann ging alles sehr schnell. Wir entschieden uns für das zweite besichtigte Objekt: ein altes, bis auf den Sockel verschiefertes Bergisches Haus aus der Jahrhundertwende, mit langgestreckter Garagenfront zur Straßenseite hin, unter der sich eine Einliegerwohnung befindet. Das mittelgroße Gartengrundstück zeigt nach hinten hinaus und wird durch zwei weitere Garagen am Ende der seitlichen Einfahrt begrenzt.

Die Verschieferung des Hauses war noch tadellos. Und obwohl der Sockel mit grässlichen Billigkacheln verblendet war, bei den grünen Schlagläden die Farbe abblätterte und der völlig desolate und geschmacklose Eingangsbereich mit seinen mit Pflastern überklebten Klingelschildern alles andere als einladend wirkte, offenbarte sich uns dennoch der Charme dieses Hauses. Wir waren sicher, daraus etwas machen zu können. Das Haus liegt in

Höhenlage und ist dennoch mit dem Stadtkern unmittelbar vernetzt.

Soviel zu unserem ersten Eindruck, von außen betrachtet. Von innen besehen, wäre es durchaus verständlich gewesen, einen Rückzieher in Erwägung zu ziehen, so wie es viele der anderen zahlreichen Interessierten letztlich taten.

Derzeitige Bewohnerin war Astrid Ohnegeld, auf 400-Euro-Basis in einem Supermarkt jobbend, auf mysteriöse Weise an ein Haus gekommen, das nun zu verwahrlosen drohte, besonders im Inneren, in seinen Grundfesten aber noch die soliden Strukturen erkennen ließ, auf die der Schwiegervater als Vorbesitzer seinerzeit Wert gelegt hatte, nicht ahnend, welche familiären Verstrickungen und Abgründe, unter denen auch sein Haus würde leiden müssen, die Zukunft bereit hielt.

Astrid Ohnegeld hielt nicht viel von Sauberkeit und Ordnung. Beim Öffnen der Haustür empfing den Besucher ein penetrant unangenehmer Geruch, der sich durch all die vielen kleinen engen Räume zog, die bis zum Äußersten mit undefinierbarem Plunder vollgestellt waren. Der Blick stolperte über aufgetürmte Kisten und Tüten, Spielkonsolen und derangiert wirkende Puppen und Stofftiere, die zwischen Wäschebergen unglücklich hervorlugten. Ungemachte Betten, schmutzig wie die Badezimmerarmaturen in ursprünglichem Grasgrün sowie an Holztüren geklebte großflächige bunte Tierplakate führten zu gefühlten Schädigungen an Augen und Nase, ließen den Kopf schwirren und lösten instinktiv den Fluchttrieb aus. Ein Hirn im Dämmerzustand ist nur schwer zu objektiven Betrachtungen fähig. Unsere Mitbewerber und damit Konkurrenten hetzten durch das Haus in dem Bemühen, möglichst flach zu atmen. Eine Dame überließ die Inspektion des Hauses gänzlich ihrem Mann, während sie in ihren Mantelkragen versunken an der spaltbreit geöffneten Haustür verharrte, ein Zustand, der nicht sehr lange andauerte, denn der Gatte hatte sich bereits im Keller eine Meinung gebildet.

Wir aber nutzten diese unglücklichen Zustände als glücklichen Umstand und behielten den Blick für das Wesentliche. Nach mehreren Anläufen und Begehungen, auch mit unserem Fachmann, der die Bausubstanz prüfte, und unter Ausblendung aller letztendlich unwichtigen Sinneseindrücke hatten wir das Bild von einem Haus vor Augen, das »unser Haus« werden könnte und das es heute geworden ist.

Der Weg dorthin war bunt und aufregend, geprägt von Vorfreude und Tatendrang, gespickt mit Bauschutt, Müll und Staub, mit Farbtöpfen, Teppich- und Fliesenmustern, begleitet von den vertrauten Gesichtern einiger Freunde sowie unserer polnischen Bauarbeiter, unterbrochen von gartengestalterischen Aktionen meinerseits, die nicht dringlich waren und deshalb moniert wurden, nach denen aber meine Seele lechzte. Es konnte passieren, dass ich mitten im dicksten Trubel in den Garten entfloh, um 50 Löcher zu buddeln, damit 50 Hyazinthenzwiebeln in unserer Wiese Platz fanden! Streckenweise war der Weg auch steinig, und zwar je näher die angedachten Umzugstermine rückten, je mehr sich die Krankheit meines Vaters und damit parallel die Belastung meiner Mutter zuspitzten, während der tatsächliche Vollzug des Hauskaufs innerhalb des uns zur Verfügung stehenden engen Zeitrahmens immer fraglicher wurde. Doch hiervon später.

Igor und seine Truppe waren uns von einem Bekannten empfohlen worden. Und es war eine gute Empfehlung! Unsere polnischen Multitalente arbeiteten gut, identifizierten sich im Laufe der Wochen und Monate fast ein bisschen mit dem Haus, dachten mit und machten konstruktive Vorschläge. Bis auf die Verlegung der Dielenböden in einigen Räumen ließen wir nach wenigen Versuchen andere Handwerker außen vor. Sie setzten zu lange Fristen und forderten zu viel Geld. Außerdem vermieden wir so ein zu großes Durcheinander, bei dem der eine dem anderen im Weg steht, einzelne Arbeitsvorgänge nicht aufeinander abgestimmt sind, logische Reihenfolgen nicht eingehalten werden und weitere Verzögerungen, die wir uns aus mehr als einem Grund nicht leisten konnten, mit Sicherheit unabwendbar gewesen wären. Igor, der Chef, und Murat, sein und unser wichtigster Mitarbeiter, wuchsen uns ans Herz. Nicht nur die Böden im Keller wurden aufgestemmt, neuer Estrich gegossen, Wände durchbrochen und neu verputzt. Darüber hinaus traf man sich auch häufiger im Baumarkt, um gemeinsam Armaturen, Fliesen oder Steine für den Terrassenbereich auszusuchen. Nicht selten war auch Igors Frau mit von der Partie. Einmal konnte ich z.B. auf deren einschlägige Erfahrungen mit bestimmten Bodenfliesen zurückgreifen, die zwar optisch ansprechend, aber, wie mir Marika versicherte, äußerst mühsam zu reinigen seien. Denn auch die neuen Bäder mit den großflächigen anthrazitfarbenen Boden- und weißen Wandfliesen verdanken ihre Entstehung und Funktionalität inklusive aller Sanitäreinrichtungen Murats geschickten Händen. Die für ihn nicht alltägliche Arbeit schien ihm Freude zu machen, auch da wir ihn zunehmend selbständig kleinere Entscheidungen treffen ließen, etwa hinsichtlich der Höhe der Bekachelung, der Gestaltung von Ablageflächen oder der Fußleisten. Immer führte er alle ihm anvertrauten Arbeiten zu unserer vollsten Zufriedenheit aus, besorgte eigenständig mal eben das eine oder andere fehlende Montageteil im Baumarkt, bevor er uns umständlich hätte erklären müssen, worum es ging, um dann womöglich doch wieder das Falsche zu bekommen. (Murat spricht deutsch, aber nicht perfekt, und wir sprechen nicht polnisch, noch nicht mal ansatzweise.) Öfters kam er mit irgendwelchen Quittungen über kleinere Geldsummen, und nicht immer wussten wir ganz genau, wofür. Aber das war kein Problem. Wir arbeiteten nach dem Motto »Vertrauen gegen Vertrauen« zusammen. Wir überließen unserer Arbeitstruppe einen Schlüssel vom Haus, sodass sie kommen und gehen konnten, wann sie wollten (was nicht selbstverständlich war, wie wir später erfuhren), stellten gleich zu

Beginn zwei Biertischgarnituren in dem tatsächlich fristgerecht leer gewordenen Haus auf, sicherten die Getränkeversorgung und zahlten pünktlich unsere Abschläge, die mit dem Kostenvoranschlag genau übereinstimmten. Sie kümmerten sich, machten auf Schwachstellen aufmerksam, überlegten sich die kostengünstigste Variante, um diese zu beheben, brachten kreative Ideen ein und Wodka mit, um die »Grundsteinlegung« mit uns gebührend zu feiern, wie es in Polen üblich ist, sobald der Keller einen Boden hat. Es war der Tag, an dem ich nach drei Gläsern Wodka am helllichten Nachmittag fröhlich schwankend meiner stirnrunzelnden Mutter gegenübertrat mit den Worten: »Das Haus ist jetzt fertig!« Ja, auch als die steinigste Wegstrecke überwunden und die beiden Umzüge mithilfe unserer tatkräftigen Freunde tatsächlich geschafft waren, als sogar die von einem langen Leben geprägten unzähligen Kisten mit Künstlerutensilien der verschiedensten Art in den zum Glück reichlich vorhandenen Garagen und Kellerräumen verstaut waren und unsere Nerven sich allmählich beruhigt hatten, waren die Polen noch da.

Sie waren schon da, als wir noch zweifelten, ob ihre Existenz und vor allem ihre Tätigkeiten, die zu Beginn vor allem aus Niederreißen und Abbrechen bestanden, rechtens wären. Und sie waren noch da, als vor allem mein Mann, zermürbt durch die lange Zeit unklare Rechtslage, wieder ruhig schlafen konnte, da wir das Problem mit Astrid Ohnegeld durch eine kleine Geldübergabe hatten lösen können. Das Problem bestand darin, dass die Existenz diverser Vorkaufsrechte auf das Haus nicht so einfach aufgelöst werden konnte wie ursprünglich vermutet. Mit den Eltern Ohnegeld gab es kein Problem, jedoch mit einer weiteren verwandten Person, die von Astrid Ohnegeld für tot, vom Standesamt, das die Sterbeurkunde einfach nicht herausrücken wollte, jedoch für quicklebendig erklärt wurde. Die alte, nicht mehr geschäftsfähige Dame lebte in einem Altersheim, und die Schwiegertochter, als Vormund bestellt, beharrte auf einer Abfindung, was, wie unsinnig auch immer, gesetzlich möglich ist. Auch das Vormundschaftsgericht musste außerdem einem Verzicht auf das Vorkaufsrecht der unter ihrem Schutz stehenden Person zustimmen, und dieser Verwaltungsakt dauert in der Regel etwa sechs Monate. Es gab zwar keinen Zweifel am Ausgang des Verfahrens, wie unser Makler immer wieder versicherte, doch durften wir vorab aus rechtlichen Gründen die vereinbarte Kaufsumme nicht überweisen, was in doppelter Hinsicht hochgradig belastend für alle Beteiligten war. Astrid Ohnegeld bedurfte dringendst der Verwandlung in eine Astrid Mitgeld, obwohl ein Großteil der Summe gleich von diversen Kreditinstituten einbehalten werden sollte, wie übrigens auch die Abfindungssumme an die Tante, und wir konnten, wenn auch unverschuldet, nicht als die rechtmäßigen Eigentümer agieren. Glücklicherweise hatte Astrid Ohnegeld uns den Schlüssel des Hauses im August übergeben, da ihr Umzugstermin zu diesem Zeitpunkt ohnehin feststand, sodass unser Bautrupp vereinbarungsgemäß mit den Arbeiten beginnen konnte. Keiner war jedoch davon ausgegangen, dass die Umstände der doch noch lebenden Tante ein solches Chaos auslösen und den Hausverkauf so schwierig gestalten würden. Die Monate gingen ins Land, Astrid wollte Geld und wir wollten das Haus, dessen ja schon vollzogene Inbesitznahme uns manchmal fast unredlich erschien, wenn wir dort vorfuhren und das emsige Treiben, Hämmern und Schlagen und die sich allmählich vollziehende Veränderung beobachteten.

Derweil drohte Astrid Ohnegeld mit Rückkehr. Noch sei das Haus ihr Haus, da sie ja bis dato kein Geld bekommen habe. Dass diese Tatsache nicht auf uns sondern ganz allein auf sie selbst zurückzuführen war, ignorierte sie ab einem bestimmten Zeitpunkt völlig. Als sich unser geplanter Umzugstermin näherte und es fraglich war, ob wir einziehen durften, boten wir unserer ihr eine kleine Summe vorab an, um erst einmal die dringendsten Kosten begleichen zu können, und forderten als Gegenleistung eine offizielle schriftliche Erlaubnis ihrerseits ein, in der festgelegt war, dass wir das Haus zum geplanten Zeitpunkt beziehen durften. Astrid Ohnegeld war erleichtert und einverstanden und das Problem fürs Erste aus der Welt, wenngleich bis zum endgültigen Besitzerwechsel noch etliche Zeit vergehen sollte. Schließlich aber nahm alles ein gutes Ende, das Haus wurde definitiv unseres! Uns so stand es jetzt endlich auch im Grundbuch.

Auch Igor teilte unsere Erleichterung und freute sich, dass die geleistete Arbeit nun mit neuem Elan zu Ende gebracht werden konnte und das Haus nicht wieder in den Urzustand zurückversetzt werden musste. Diverse kleine und größere Restarbeiten sowie sinnvolle Ergänzungen beanspruchten noch etwas Zeit. Zeit, die wir gerne gewährten, auch wenn sie mit der Aufgabe des einen oder anderen Kompromisses und damit vermehrten Kosten verbunden war. Die hässlichen Kacheln an der zum Garten gewandten Seite des Anbaus mussten nun doch weichen, ohnehin musste hier aufgrund von Feuchtigkeit noch einmal ein Stück Erde aufgegraben werden. Anschließend wurde die Wand komplett neu und zum Haupthaus passend verputzt, wodurch das Gesamtbild noch einmal eine unglaubliche Aufwertung erfuhr. Im Keller wurden in den einmal aufgestemmten Boden gleich neue Rohre gelegt, um beizeiten dem drohenden »Kanal-TÜV« vorzubeugen. Innerhalb des Hauses ging es nur noch um ein paar Kleinigkeiten, wie z.B. die Installation bestimmter Armaturen in dem behindertengerecht gestalteten Badezimmer.

Am Tag der Schlüsselrückgabe, dem wir zwar mit Erleichterung und Freude, aber auch einem gewissen Bedauern entgegensahen, war es mein allzeit sprachbegabter Vater, dem bei allen durch die Krankheit bedingten massiven Einschränkungen ohne Schwierigkeiten das polnische Wort für »Danke« präsent war. »Djekuje!« und »Bis zum nächsten Mal!«, denn dieses nächste Mal wird es zweifellos geben, müssen doch zum Beispiel noch die Garagenfront erneuert und die vergessene

Hauswand zum Nachbarn hin neu gestrichen werden. Dieses Wissen erleichtert uns den Abschied.

In Frieden getrennt

Ich nehme meine Kiste und packe eine Todesanzeige aus.

An einem strahlenden Tag im Mai 2012 beerdigen wir meinen Vater. Gehört eine Todesanzeige in eine weiße Kiste? Ja, denn »der Tod nimmt uns das Leben, aber nicht die Liebe.« Dies ist der Vers, den meine Mutter ausgewählt hat, um ihn an den Kopf der Anzeige zu setzen. Dies ist das Versprechen, das über unser natürliches körperliches Ableben hinausweist und ein Stück Ewigkeit impliziert. Hier tut sich letztendlich der Himmel auf und lässt Augenblicke auf die Unendlichkeit zu, in denen wir in der Lage sind, das Versprechen des gekreuzigten, gestorbenen, aber auferstandenen Christus zu hören und zu glauben: »Auch wenn alles einmal aufhört – Glaube, Hoffnung und Liebe nicht. Diese drei werden immer bleiben; doch am höchsten steht die Liebe.«[18] Und die Liebe Gottes ist die verlässlichste und vollkommenste Art der Liebe, zu mir, Adam, dem Menschen. Ich kann »niemals tiefer fallen als in seine geöffnete Hand« (Arno Pötzsch, vgl. Vorwort), und ich hoffe und bete, dass diese Zusage auch die Menschen einschließt, die ich liebe und die sich vielfach dem Ruf »Adam, wo bist du?« verschließen und eher Glaubensskeptiker sind. Möge die Osterbotschaft zuletzt alle erreichen und die gesamte Menschheit ein Fest feiern lassen, das den Tod besiegt!

Für einen gebrechlichen, abgemagerten Körper, der sich kaum noch aufzurichten vermag, kaum noch kommunizieren kann und schon lange keine Nahrungsaufnahme mehr wünscht, ist es eine Erlösung, nicht mehr sein zu müssen, auch wenn die Seele traurig ist und an Ort und Stelle bleiben möchte. Bleiben möchte, um weiter teilzuhaben an den Genüssen einer leckeren Mahlzeit, eines Spiels oder einer geselligen Zusammenkunft, vor allem aber an der Familie und dem schon sichtbaren, aber noch nicht geborenen zweiten Urenkel. Diesen zweiten Urenkel, mein zweites Enkelkind, wird mein Vater nun nicht mehr kennen lernen. Jedoch bin ich überzeugt, dass auch Simon ein Bild von meinem Vater in sich tragen wird, entstanden durch die Geschichten seiner Mutter, meiner Tochter, visualisiert durch die vielen Bilder, Plakate, Marionetten, die in allen Wohnungen und Häusern der Familie reichlich zu finden sind und die von dem hoch kreativen Leben zeugen, das mein Vater geführt hat. Auch sein jetzt siebenjähriger Bruder, unverhohlener Bewunderer der künstlerischen Produkte meines Vaters von klein auf, wird vom Uropa erzählen, wenn er aus der Masse der Hinterlassenschaft schöpft, Modelle (nach)baut und sie mit filigran gefertigten Kleinstmöbeln bestückt. Sebastian ist ein sensibles und fantasiebegabtes Kind mit vielen Talenten, das gerne bastelt, baut und gestaltet und damit wahrscheinlich und hoffentlich in die Reihe der genetisch Vorbelasteten unserer Familie gehört.

Die Familie, ein bunt zusammengewürfelter Haufen, aus allen Verzweigungen komplett erschienen, am Tag der Beerdigung. Es ist kein trauriger Tag. Die Traurigkeit über den Verlust kommt erst später. Es ist ein Tag, auf dem ein besonderer Segen liegt, an dem die pralle Maisonne wohlige Wärme spendet, die alle einschließt, die an dem spontan verlängerten Beisammensein in unserem Garten teilhaben. Es ist eine Feier, die meinem Vater gefallen hätte.

Carolin und Stephan haben Grillgut organisiert und kümmern sich ums Essen. Flaschen und Geschichten kreisen, und es wird sich wieder angesehen und miteinander gesprochen, was nicht selbstverständlich war über Jahre und Jahrzehnte. Alte Fehden werden beigelegt, die Besinnung auf das Positive und Verbindende überwiegt und lässt wieder an eine Zukunft denken, in der gemeinsame Erlebnisse möglich werden. Abschied und Neubeginn reichen sich heute spürbar die Hand, in einer Deutlichkeit, der sich keiner entziehen kann und will. Verabredungen werden getroffen, auch wenn sie vielleicht nicht eingehalten werden, Fotos werden herumgereicht, solche der jüngsten Generationen, aber auch alte Fotos, auf denen mein Vater fröhlich in die Menge schaut, gesund, als kerniger junger Mann, mit dem ihm eigenen Charisma.

Mein Vater durfte zu Hause sterben. Seine Krankheit hatte ihm nicht die Zeit und die Kraft gelassen, mit diesem Zuhause vollkommen vertraut zu werden. Die meisten Räume und Stockwerke blieben ungesehen, in den Garten schafften wir es nur einmal an einem sonnigen Herbsttag. Sein kurzes Leben im neuen Haus spielte sich in den drei Räumen des Erdgeschosses ab, in der Wohnung meiner Eltern. Aber hier zumindest blickte ihn aus allen Ecken und Winkeln sein Leben an, war er umgeben von den Bildern und Werken, die er geschaffen hatte, die er erinnerte, kannte und liebte und die ihm hoffentlich das Gefühl vermittelten, am richtigen Platz zu sein. Außerdem war die Familie ständig präsent.

Mein Vater war nicht dement, aber dennoch manchmal verwirrt und desorientiert. In solchen Momenten erklärten wir ihm den Sachverhalt, versicherten ihm, dass wir nicht nur gerade zu Besuch seien, sondern unter einem Dach wohnten, und er war beruhigt. Oft kamen die Enkelkinder, und Sebastian saß beim Uropa am Bett und hielt seine Hand. Als es dem Ende zuging, konnten alle Abschied nehmen. Noch zwei Tage vor seinem Tod, in den letzten klaren und wachen Stunden, als er sein unmittelbar bevorstehendes Ende begriff und darüber traurig war, konnte meine jüngste Tochter Sybille in all ihrer Hilflosigkeit dennoch da sein und trösten.

Jetzt ist seine Seele frei. Seine sterblichen Überreste ruhen in einem Urnengrab an einer ausgesuchten Stelle unseres schönen ökumenischen Friedhofs, der mit seinem alten Baumbestand zum Lustwandeln einlädt. Er befindet sich in unmittelbarer Nähe, wie alles bei uns im Ort, sodass meine Mutter ihn mühelos besuchen kann.

Sie tut es häufig, achtet akribisch darauf, dass seine Grabstätte stets mit frischen Blumen bestückt ist und ansprechend und gepflegt aussieht. Wahrscheinlich erzählt sie ihm alles, was so um sie herum im Haus und in der Familie geschieht. Jetzt können sie wieder entspannter miteinander umgehen, denn er ist präsent, ohne sich zu verweigern. Er muss nicht mehr kämpfen, um seinen Willen kundzutun und sich durchzusetzen, und sie nicht mehr, weil er seine Tabletten nicht nehmen, nicht essen oder trinken will, ein Kampf, der zuletzt die Grenze des Erträglichen auf beiden Seiten zu sprengen drohte. 57 gemeinsame Jahre liegen hinter den beiden, mit allen Höhen und Tiefen, und die schönen Erinnerungen gewinnen allmählich wieder die Oberhand und verdrängen die im Verhältnis zwar kurze, aber sehr belastende Zeit der akuten Krankheit und Pflegebedürftigkeit. Täglich spricht sie von ihm, was er gesagt oder getan hätte in dieser oder jener Situation, alte Geschichten werden neu erzählt, Fotos hervorgekramt, Gewohnheiten und Marotten erinnert und kommentiert. Aber neben ihm begraben werden möchte sie nicht. Für mich wäre es eine befremdliche Vorstellung, am Schluss nicht an der Seite meines Mannes zu sein! Aber nicht für sie! Sie möchte nirgendwo in der Tiefe verbuddelt sein, sondern über den Dingen schweben, also verbrannt und über einem schönen Stückchen Erde oder auch über dem Wasser ausgestreut werden. Die Trennung scheint ihr leicht zu fallen, ja, geradezu vehement besteht sie darauf. Mein Vater war ein dominanter Mann, dem man sich nur schwer entziehen konnte, aber auch meine Mutter ist auf ihre eigene Art eine starke Frau, die schon im Leben bei allen gemeinsamen Interessen und Unternehmungen auch eigene Wege gegangen ist. Und so will sie es auch im Hinblick auf die letzten Dinge halten, die ein Mensch, wenn er mutig genug ist, im Vorfeld regeln kann. Meine Mutter, noch fit, agil und geistig rege, will nun noch einmal frei sein, und jetzt hat sie die Chance dazu. Sie kann sich noch einmal ganz auf sich konzentrieren, allein und unabhängig ihren letzten Lebensabschnitt gestalten, ohne Bevormundung, ohne Rücksichtnahme und vor allem ohne Einschränkung. Mein Vater ist die Vergangenheit, die fast ihr ganzes Leben ausgemacht, oft bereichert, aber manchmal auch belastet und mit der sie nun in Frieden abgeschlossen hat. Ohne ihn kann sie noch einmal nach vorne blicken, getrennt und doch vereint, denn ohne ihn wäre sie nicht, was sie heute ist. Mein Vater bleibt lebendig, weil sie ihn in sich und damit nach außen trägt, und hieran wird sich nichts ändern, bei allem, was sie neu anfangen will und wird.

Mein Vater hat sein Leben gelebt, und es war kein schlechtes. Man kannte und schätzte ihn als kreativen und unkonventionellen Menschen, der die Geselligkeit liebte und mit seiner Meinung nie hinter dem Berg hielt, der in späteren Jahren seine Enkelkinder vergötterte und ihnen entgegenfuhr, wenn sie zu Besuch erwartet wurden, weil es ihm nicht schnell genug ging, sie zu sehen.

Für mich war mein junger Vater ein Zauberer, der mehr auf einem Berg in einem faszinierend-unheimlichen

Turm hauste – die Theaterwerkstätten in St. Gallen waren in einer alten, umgebauten Mühle untergebracht – als bei uns zu Hause. In meinen frühkindlichen Erinnerungen blicke ich auf bunte Stofffetzen, auf Holz und Metall, auf blitzende und blinkende Materialien verschiedenster rätselhafter Art, die sich in meiner Phantasie zu merkwürdigen, vielgestaltigen Wesen formierten und mich unverhohlen anblickten, wenn ich das Reich meines Vaters betrat. Er war der Dirigent, der den Dingen Leben einhauchte, ihr Zusammenspiel bestimmte und mit der für mich eher irrealen Theaterwelt verschmolz. Er war der König und ich tatsächlich in meiner Zeit als unmündiges kleines Kind seine Prinzessin. In dieser Zeit hat er mich mit seiner Zauberkraft umgeben und beschützt, täglich und stolz, zu einer Zeit, als es noch nicht üblich war, dass Männer Kinderwagen schoben oder gar die Kinder mit zur Arbeit nahmen.

Als ich älter wurde, und besonders in der Pubertät, die ich ohne verbündete Geschwister durchleben musste, war er hingegen oft eine Bürde. Stets war er so präsent, dass er mir schmalem, blassem und gebeugtem Kind oft wenig Raum ließ, den ich nicht selten freiwillig verließ, wenn sich mit seinem Betreten des Zimmers die Atmosphäre spürbar veränderte. Er konnte sehr wütend werden, wenn ihm etwas nicht passte, und ich fürchtete so manches Mal seine cholerischen Ausbrüche. Meine Mutter war meine Verbündete, ihr konnte ich alles erzählen, sie hörte mir zu und schützte mich. Mein Vater hatte meistens seine eigenen Interessen im Kopf, neue Autos, neue Teile für seine immens große Eisenbahnanlage, Dinge, bei denen das Beste und Teuerste gerade gut genug war, während er mit dem Geld geizte, wenn es um mich ging. Seine eigene Kindheit war geprägt durch Entbehrungen und Ärmlichkeit im Elternhaus, eine nörgelnde, weinerliche Mutter, die sich gegenüber ihrem herrischen, dominanten und egoistischen Mann, der dennoch für andere ein angenehmer Mensch war, der ebenfalls gern spielte und es sich gut gehen ließ wie später sein Sohn, nicht durchsetzen konnte. Die beiden Schwestern spielten nur eine Nebenrolle, der Prinz und der Stolz seiner Mutter war er, der Sohn, der Begabte und bald auch Bekannte. Sein Studium musste er sich unter den gegebenen Umständen selbst finanzieren, und hierfür war ihm keine schwere oder schmutzige Arbeit zu viel. Er arbeitete bei einer Umzugsfirma oder unter Tage und beklagte sich nie, auch nicht, als seine Mutter ihm das hart verdiente Geld für die Verlobungsringe entwand. So können Ursachen für sein Verhalten genannt werden wie für jedes Verhalten. Doch dürfen diese Erklärungen nicht zu Entschuldigungen mutieren, sonst hätte jeder Mensch auf dieser Welt einen Freibrief in der Tasche und keine eigene Verantwortung mehr.

Heute bin ich älter, selbst schon Oma und kann die Dinge abgeklärter sehen. Zu meinen Studienzeiten war dies noch nicht der Fall. Ich schrieb extra lange Listen von Büchern, die ich »unbedingt« brauchte und die er murrend besorgte. Später, in meiner ersten Ehe – mein Mann und ich studierten beide noch und unsere erste

Tochter Carolin war etwa ein Jahr alt – verzichtete ich in einem Anfall von Wut auf jegliche finanzielle Unterstützung, die er bis dato einige Monate lang in geringem Umfang bar über den Tisch geschoben hatte, stets begleitet von Kommentaren, die seinen Unwillen verdeutlichten. Eine unspektakuläre Überweisung, wie sie in solchen Fällen üblich ist, auch für mich, wenn es um meine Kinder geht, wären der Person und dem Anlass nicht gerecht geworden. Wir hätten das Geld dringend gebraucht, aber mein Verzicht, eine Trotzreaktion, entstanden durch eine besondere Situation, wurde nie hinterfragt. Mein Vater war offensichtlich zufrieden!

Erst Jahrzehnte später gelang es mir, nachdem ich all meinen Mut zusammengenommen hatte, diesen wunden Punkt in der Beziehung zu meinen Eltern zur Sprache zu bringen, was weniger bedeutsam oder gar belastend für meine Eltern, für mich aber ein unglaublich wichtiger Entwicklungsschritt war.

Viele Gegebenheiten und Erlebnisse mit meinem Vater führten dazu, dass ich ihm oft lieber fern als nah und daher froh war, als ich das Alter erreicht hatte, in dem dies möglich schien.

Trotzdem sahen wir uns regelmäßig, allein schon wegen der Kinder, denn der Opa war gefragt und mit dem Vater nicht zu vergleichen. Trotzdem hatten wir auch Spaß zusammen, beim Badminton auf der Wiese oder bei diversen Karten- und Gesellschaftsspielen, ohne die keines unserer Familientreffen verlief. Trotzdem versuchte ich ihm zu gefallen, was nicht einfach war, denn mein Vater konnte vieles und wusste fast alles, und die Nichtwisser mussten mit seinem Spott und Unverständnis rechnen. Später wurde er ruhiger, besonders in seiner Krankheit. So traurig der Verlust an Kraft und Dynamik auch einerseits anzusehen war, so brachte gerade er mir meinen Vater wieder näher, ein Prozess, der letztlich in dem Entschluss für den gemeinsamen Hauskauf gipfelte. Was Jahre zuvor undenkbar gewesen wäre, fühlte sich nun als das einzig Richtige an, nicht nur wegen meiner Mutter. Heute weiß ich, dass ich ihn doch geliebt habe, eine Erkenntnis, die ohne seine täglich erlebte Schwachheit, so schrecklich diese auch anzusehen war, vielleicht nicht möglich gewesen wäre. Heute bin ich dankbar, dass all die Kümmernisse meiner Kindheit und Jugend verblasst und in den Hintergrund getreten sind und das Bewusstsein, das Kind eines mit vielen positiven Anlagen ausgestatteten, facettenreichen und ungewöhnlichen Vaters zu sein, in den Vordergrund getreten ist. Zum Ende seines Lebens konnte ich meinen Frieden mit ihm schließen, ihn so akzeptieren, wie er war und ebenso seine Anteile in mir. Und das ist gut so!

13
Jona 2, 1

14
vgl. Jona 2

15
Joh. 10, 10b

16
Anja Maubach, Garten ist Leidenschaft, Wuppertal (?) 2011

17
Ebd., S. ?

18
1. Kor. 13, 13

4. Ausblick

»Fürchte dich nicht, ich befreie dich! Ich habe dich bei deinem Namen gerufen, du gehörst mir.«
(Jes. 43, 1b)

»Ich bin der Herr, dein Arzt!«
(2. Mose 15, 26)

Die Zeit fließt dahin wie ein unendlicher Strom, gleichgültig und emotionslos gegenüber Ereignissen und Schicksalen von vielen und einzelnen. Je älter wir werden, umso schneller scheint sie zu vergehen, gnadenlos (und manchmal auch gnadenreich) hat sie das Heute und Morgen zum Gestern gemacht als wäre es nichts, kommt schließlich einer Lawine gleich, die Träume, Geschehnisse und Menschen unter sich begräbt, als wären sie nie gewesen. Nur ich bin noch da, mit meinen lebendigen Erinnerungen und der irrwitzigen Hoffnung auf Zukunft, Sinn und Unsterblichkeit. Denn ich lebe aus der Gnade des Berufenseins durch Gott, den Allmächtigen, der mir in seinem eingeborenen Sohn, Jesus Christus, persönlich begegnet ist.

Und dennoch blicke ich mich manchmal, in Not geraten, ängstlich um und suche die Hilfe im Außerhalb. Seine Gegenwart erscheint mir oft so vage, daher ist mein Gebet dann auch nur kurz und halbherzig. Für ein wirkliches Zwiegespräch mit ihm fehlt mir die Zeit, denn ich bin ungeduldig und rastlos, muss denken und planen und agieren, um meine Probleme in den Griff zu bekommen. Kurzum, ich bin ein Mensch, und ich danke Gott, dass er die Menschen trotzdem liebt und mich immer wieder einholt, zurückbringt, mir hilft, mich unterstützt und heilt, sodass ich mein überflüssiges Gepäck abladen, wieder befreit Atem holen und still werden kann vor seiner Zusage: »Alle eure Sorgen werfet auf mich, denn ich sorge für euch!«[19]

Kreise haben sich geschlossen, und weitere werden sich schließen. Der lange gehegte und geplante Traum eines Sabbatjahres konnte verwirklicht und gelebt werden und liegt nun schon fünf Jahre zurück.

Ich war krank und bin nun schon wieder seit knapp vier Jahren gesund.

Zum ersten Mal ist ein mir nahe stehender Mensch gestorben, und wir konnten ihn in unserem eigenen Haus, das wir jetzt seit circa eineinhalb Jahren bewohnen, beim Sterben begleiten, während ein neues Familienmitglied das Licht der Welt erblickte.

Letztendlich habe ich es geschafft, mir trotz Vollzeitjob und diversen Verpflichtungen und Interessen noch einmal Raum zum Schreiben zu verschaffen, weil es mir ein Bedürfnis war, all das in den letzten Jahren Erlebte zu Papier zu bringen, weiterzusagen, was mich angetrieben hat und noch heute antreibt, was mich gehalten hat und noch heute hält, was mich geheilt hat, nicht nur von meiner Erkrankung, sondern bis heute weiter dafür sorgt, dass »heilsame Beziehungen« nicht nur den Körper, sondern auch Geist und Seele gesunden lassen, denn Gott ist ein Arzt, der die ganzheitliche Methode praktiziert. Und auch dieser Kreis wird sich nun bald schließen, denn es liegen nur noch wenige Seiten bis zur Vollendung des Buches vor mir.

Obwohl mein Leben noch nicht zu Ende ist, und ich nicht weiß, welche Kisten es noch ein- und auszupacken gilt, steht fest, dass es einen letzten Punkt in diesem Text geben wird. Aber hier und jetzt noch nicht.

Lila Zwischenspiel

Notgedrungen ziehe ich die lila Kiste noch einmal hervor aus dem hintersten Winkel meines Arbeitszimmers, entnehme die Unterlagen zu meiner ambulanten Operation im Februar 2013 und den von mir angehefteten Notizzettel, auf dem ich das Ergebnis notiert habe: 28.02.13, alles o.k.!

Menschen planen die Zukunft und reservieren Zeit für bestimmte Termine, was sie nicht selten in papierenen und elektronischen »Notizbüchern« dokumentieren. Ich selber besitze inzwischen stolze 30 solcher real fassbarer Kalender unterschiedlichster Art und Größe, die Mehrzahl davon sind Geschenke meiner älteren Tochter Carolin und wurden von ihr, immer unter einem bestimmten Motto, kreativ und liebevoll gestaltet. Über ihren ersten Kalender – sie war 12 Jahre alt – hatte ich mich so gefreut, dass diese immer heiß erwarteten Geschenke bis hin zu ihrem 30. Lebensjahr zum festen Ritual wurden. Heute stehen sie und alle anderen davor und danach in einer bunten Reihe in meinem Arbeitszimmer hinter Glas und zeugen von drei Jahrzehnten vergangener Zeit. Sie lesen sich fast wie Tagebücher, da ich im Laufe der Jahre zunehmend dazu neigte, kleine Zeichen oder Notizen darin zu vermerken. Veränderung wird sichtbar und ist konkret zu greifen, wenn ich nach und nach in meinem Archiv stöbere. Aus der Kinderschrift meiner Tochter wird mehr und mehr die ureigene differenzierte Schrift einer erwachsenen Frau. Eingeklebte Bildchen mit Bibelversen wechseln zu eigenen Zeichnungen und Texten, die kreatives Talent verraten und gehen schließlich über in Fotodokumentationen, die die Oma mit ihrem ersten Enkelkind zum Thema haben!

Keiner kann die Zeit zurückdrehen, was je nach Betrachter gut oder schlecht sein kann. Vergangenes ist Geschichte und unumkehrbar. Ich kann den Blickwinkel ändern, kann Ungereimtheiten und belastende Erfahrungen vielleicht zu einem späteren Zeitpunkt aufarbeiten und aus Erfahrenem und Widerfahrenem Rückschlüsse für die Zukunft ziehen.

Doch auch diese ist nur begrenzt planbar, da mit Unvorhergesehenem immer gerechnet werden muss. Jeder weiß das, und dennoch stehen wir oft hilflos und wie paralysiert vor dem Unausweichlichen und besitzen kein Instrument, damit umzugehen, wenn unsere Pläne durchkreuzt werden, der Terminkalender nicht mehr gilt oder bereits Abgeschlossenes noch einmal neu erinnert werden muss.

Den Inhalt der lila Kiste habe ich bereits früher reduziert, sodass sich der Deckel jetzt leicht öffnen lässt und sie nicht mehr überquillt. Die drei Blätter Papier, um die sie jetzt ergänzt wird, ändern diesen Zustand nicht, und ich bin doch eigentlich sicher, dass nicht mehr daraus wird.

Es ist nur eine Bagatelle, die dazu geführt hat, dass mein Arzt eine kleine ambulante Operation durchführen will, nur zur Sicherheit und damit diese kleine Blutung, aufgetreten während einer sehr anstrengenden Klassenfahrt im September 2012, über jeden Verdacht erhaben ist. Eine Hysteroskopie soll durchgeführt werden, bei der eine kleine Probe aus der Gebärmutterhöhle entnommen wird, um zu bestätigen, dass die »oedematösen Schwellungen des Endometriums« (Arztbericht vom 21.2.13, Krankenhaus) nicht mehr sind als das, was sie meistens sind, nämlich typische Veränderungen unter »Tamoxifen«, dem Antihormon, das sehr häufig über mehrere Jahre nach einer Brustkrebserkrankung eingenommen werden muss.

Zweimal muss die Operation verschoben werden, einmal aus Krankheitsgründen meinerseits (Grippe) und ein weiteres Mal, da mein Arzt vier Wochen im Ausland weilte. So zieht sich die Zeit der Ungewissheit länger hinaus als nötig, und obwohl die Wahrscheinlichkeit einer bösartigen Unterleibserkrankung gering ist und auch mein Bauchgefühl mir Gesundheit signalisiert, lassen sich Momente des Zweifels und der Angst nicht leugnen. Die Bilder und Szenen aus der Zeit der Krankheit rücken noch einmal näher und stellen infrage.

Als dann die Operation endlich hinter mir liegt – so schlimm war's eigentlich nicht; wenigstens diesbezüglich bin ich gelassener geworden – und der Professor mit dem vorläufigen Bericht in der Hand an mein Bett tritt, kann er noch keine endgültige Entwarnung geben, was auch nicht anders zu erwarten war. Die entnommenen

Präparate müssen erst untersucht werden, was eine weitere Woche des Wartens bedeutet. Insgesamt liegt wahrscheinlich »kein maligner Befund« vor, dieser sei aber »aufgrund der etwas atypischen Gefäße« neben den medikamententypischen Veränderungen »auch nicht ganz auszuschließen« (Arztbericht vom 21.02.13, Krankenhaus).

Es vergehen ein Wochenende und zwei weitere Arbeitstage, die ich in zunehmender Nervosität und schwankendem Vertrauen zu mir, meinem Gott und meinem Bauchgefühl verbringe, bis der Anruf aus dem Krankenhaus, getätigt von der mir vertrauten und liebgewordenen Sekretärin des Professors, mich erlöst. Sie hat dafür gesorgt, dass mich die gute Nachricht sofort erreicht und nicht erst zwei Tage später, bei meiner regulären Nachuntersuchung. Zwei Tage Leben mehr! Es sind mal wieder Blümchen fällig, am übernächsten Tag überreiche ich sie ihr, als gerade eine kleine Schar mir aus der Behandlung gut bekannter Ärztinnen im Chefzimmer zu einem kleinen Plausch versammelt ist. Alle freuen sich mit mir und betonen, wie gut ich aussähe.

Dies liegt bestimmt auch an der Erleichterung und der Freude, die mir wahrscheinlich ins Gesicht geschrieben steht! Ich darf weiterleben, mein Terminkalender muss nicht umgeschrieben werden, ich darf leben und wirken und meinem Gott danken, der mich auch jetzt wieder bewahrt hat und dessen Gegenwart und Zuspruch ich gerade erst, genau im richtigen Moment, so hautnah spüren durfte.

Hauptsache gesund!?

Es gibt keine neue Kiste mehr. Die drei Kisten sind ausgepackt, der Inhalt ein- und umgeräumt, eingerahmt, zum Sperrmüll gebracht oder weitergegeben, denn auch andere Menschen brauchen Perückenständer, Kopftücher und Infomaterial. Auch sie müssen Lasten tragen und sind im Ungewissen, ob und bei wem sie sie abladen können.

Ich aber weiß es. Ich kann mich ganz in Gottes Hände fallen lassen. Ich kann zu meiner Schwachheit und Hilflosigkeit stehen und sie in diese fachkundigen und heilenden Hände legen, im vollen Vertrauen darauf, dass mir Hilfe zuteil wird.

»Ich bin der Herr, dein Arzt«[20], so steht es in der Heiligen Schrift, und so lautet an einem Sonntag im Februar 2013, zwei Tage bevor ich das Ergebnis meiner Unterleibsuntersuchung bekomme, das Thema der Predigtreihe über »Heilsame Beziehungen« in der Freien Evangelischen Gemeinde bei mir um die Ecke. Diese Botschaft trifft mich völlig unvorbereitet und mitten ins Herz. Ich war nicht auf dem Laufenden, was die Gedanken und Pläne dieser Gemeinde betraf, war sie bis dahin doch nur eine von mehreren, die in meinem Stadtteil auf engem Raum fast nebeneinander zu finden sind, und ich eine Umherirrende, Rastlose, abwägend und zweifelnd, kritisch und anspruchsvoll, immer auf der Suche nach einer geistlichen Heimat. Und deshalb wollte ich heute eigentlich mal wieder einen ganz anderen Gottesdienst besuchen, überlegte es mir aber spontan anders, da ich einen weiteren Termin an diesem Tag aufgrund des späten Gottesdienstbeginns dort nicht hätte wahrnehmen können. Also noch einmal die Freie Evangelische! Gedacht, getan und angekommen! Überrascht, da erwünscht und erwartet! Überwältigt, da empfangen wie ein Ehrengast, der unbedingte Wertschätzung und Zuspruch verdient! Diese Gemeinde singt nur für mich, diese Worte richten sich speziell an mich! Ich wurde geführt, und da bin ich nun und konnte gar nicht anders. Hier soll ich sein und werde also bleiben. Gestern noch ein Zweifelnder und heute ein Wissender. Gestern noch schwach, heute unerschütterlich in meiner Stärke und in meinem Vertrauen, auch was das ausstehende Untersuchungsergebnis betrifft. Es ist einer dieser glorreichen Momente, in denen alles gut und heil ist, unabhängig von meinen persönlichen Umständen. Das Göttliche überwiegt und erhebt mich über mich selbst hinaus, hin zu dem Gott, an den ich glaube und den ich kenne. Ich weiß, dass auch diese Stunden vorübergehen werden, denn die Erdanziehungskraft wird unweigerlich wieder wirksam werden und mich zurückholen auf die Erde mit ihrer vermeintlichen Realität, wo Gott mich hoffentlich wieder findet und erneut rufen wird. »Adam, wo bist du?«[21] Denn er ist ein eifernder Gott, der mich will, genau so wie ich bin, und er hat mich erwählt, lange bevor ich ihn erkannt habe. So sei es und so ist es, ob ich es immer verstehe oder nicht, ob Menschen es glauben oder nicht. Amen.

Das Ergebnis meiner Untersuchung ist negativ im medizinischen Sinne, also positiv für mich: ich bin gesund. Natürlich bin ich ungeheuerlich froh und erleichtert. Und dankbar!

Aber wäre es anders gewesen, hätte dann mein Erlebnis zwei Tage zuvor ad absurdum geführt werden müssen? Wäre es dann weniger glaubwürdig, weniger bedeutsam gewesen? Hätte es in diesem Fall erst recht reduziert werden müssen auf einen Zufall? Zuzuschreiben meinem emotionalen Ausnahmezustand, der meine Wahrnehmung und meine Sinne beeinträchtigt hat? Nein, ich glaube nicht. Denn so erstrebenswert der Zustand der körperlichen Gesundheit auch ist und obgleich der Wunsch danach in der Regel ganz oben steht auf der Wunschliste der meisten Menschen, so geht es doch um mehr, bzw. um etwas anderes.

Die häufig zu hörende Bemerkung »Hauptsache gesund!« ist bei aller Nachvollziehbarkeit ein Affront gegenüber allen chronisch Kranken, ein Schlag ins Gesicht der Behinderten, Pflegebedürftigen, Alten, Gebrechlichen und Menschen jeden Alters, die um eine nur noch kurze und absehbare Lebenszeit wissen. Hat für sie jetzt das Leben keine Qualität mehr? Sind sie Menschen zweiter Klasse, vielleicht sogar selbst schuld an ihrer Misere? Wenigstens ein bisschen? Manchmal sind wir dümmer als die Bibel erlaubt und lassen ein Relikt aus dem Alten Testament wieder aufflackern, wonach Krankheit das Ergebnis von Sünde ist, der Sünde des

Raubbaus an unserem Körper, der Unachtsamkeit und des Versäumnisses. Wir könnten unzählige Beispiele nennen, und wenn auch diverse uns schädigende Verhaltensweisen nicht gut tun, so ist es nicht Gott, der uns dafür bestraft. Ansonsten müssten wir ja letztendlich wohl alle krank sein, denn wer kann ernsthaft von sich behaupten, dass er ohne Schuld durchs Leben geht? Da gibt es nur einen und aus dessen Gnade leben wir, trotz unserer Schuld, und wir sind gut, genau so wie wir sind.

»Heil werden« bedeutet mehr und setzt früher an. Warum trinken Menschen, konsumieren Drogen oder ruinieren Körper und Geist durch stundenlange einsame Computersitzungen und der Weigerung, sich mehr als unbedingt nötig zu bewegen? Das diesem Verhalten zugrunde liegende Manko gilt es aufzuspüren, aufzuarbeiten, so weiß und versucht es jeder Therapeut, egal in welcher Richtung er genau arbeitet. Im Anschluss muss Veränderung her, ein leerer Raum muss neu befüllt werden, doch womit?

Nur Gott schenkt uns durch seine tiefe und unvergleichliche Liebe, die uns von allen Seiten umgibt, Heilung im umfassenden Sinne und stiftet »heilsame Beziehungen« (s.o.), die den ganzen Menschen meinen und ihn auch bei kritischster Betrachtung und in vollem Rampenlicht erst einmal als gewollt und sehr gut betrachten. Da ist es zweitrangig, ob ich eine körperliche oder eine geistige Behinderung habe, psychisch instabil bin oder mich mit einem Suchtproblem herumschlagen muss, ob ich gerade oder unumkehrbar krank bin. Dennoch kann es mir gut gehen, kann ich fröhlich und aktiv sein, mein Schicksal annehmen und vielleicht besonders viel Kraft daraus schöpfen, Leistungen vollbringen, die ansonsten undenkbar gewesen wären, in Einzelfällen sogar bekannt und berühmt werden, wie etwa die Sportler, die an den Paralympics teilnehmen. Wohl jeder kennt einen Menschen, der trotz irgendeines Handycaps eine besondere Kraft, Ruhe oder Zuversicht ausstrahlt, die uns erstaunt und berührt und von der wir manchmal nur zu träumen wagen. Und wir fragen uns, während wir wegen eines verregneten Sonntags schlechte Laune haben, wer hier eigentlich »krank« ist?

Hauptsache glücklich!?

Die Kiste meiner Erinnerungen ist keine feste Größe. Boden und Deckel, die begrenzen, fehlen. Manchmal sickert etwas in mein Bewusstsein, das ich gar nicht mehr in der Kiste vermutet hatte, dann wieder suche ich etwas, von dem ich geschworen hätte, dass ich es aufbewahrt habe, und es ist weg oder stellt sich anders dar, zeigt sich plötzlich von einer ganz anderen Seite als der mir bekannten und erinnerten. »Gott sei Dank« muss ich nicht alles mitschleppen in dieser Kiste. Ich darf vergessen und kann mich korrigieren lassen, den Blickwinkel ändern, wo ich blind war, auf- und umräumen.

In meiner über dreißigjährigen Dienstzeit als Sonder- bzw. Förderschullehrerin erinnere ich mich an folgende Begebenheit sehr gut: ein zwölfjähriges Mädchen mit einer ausgeprägten Schulphobie wurde von einer Realschule gemeldet. Natalie konnte selten länger als ein oder zwei Schulstunden in ihrer Klasse verbleiben, dann bekam sie Nasenbluten, Bauchschmerzen oder Schwindelanfälle, die bis zur Ohnmacht führen konnten. Nie hatte ich es für möglich gehalten, dass allein ein einfacher Wechsel zu unserer Schule ihr helfen könnte, und bereits weitere unterstützende Maßnahmen im Kopf durchgespielt.

Wir ließen ihr alle Freiheiten, mit ihren Ängsten umzugehen. Sie durfte selbst entscheiden, wie lange sie in der Schule bleiben wollte. Fühlte sie sich unwohl, durfte sie gehen, ohne Druck, ohne Sanktionen, ohne Folgegespräche. Sehr schnell zeigte sie kaum noch Symptome. Wir entwickelten gemeinsam einen Plan, der eine allmähliche Steigerung der Schulstunden zum Inhalt hatte, und initiierten zu einem späteren Zeitpunkt eine Therapie, der sie sich gerne und freiwillig unterzog. Alles verlief unerwartet positiv und reibungslos. Natalie war ein sehr intelligentes Mädchen, ihre Schulleistungen waren in allen Bereichen gut bis sehr gut. Im größten Tumult erfüllte sie ihre Aufgaben. So gab ich während eines Elterngesprächs zu bedenken, dass bei aller erfreulichen Entwicklung ich das Gefühl habe, ihrem Leistungsvermögen mit unserer Schulform nicht gerecht werden zu können und sie, bei aller Differenzierung und Versorgung mit speziellen zusätzlichen Arbeitsaufträgen, wahrscheinlich unterfordert sei. Hierauf erwiderte die Mutter im Brustton der Überzeugung: »Das ist mir völlig egal, Hauptsache mein Kind ist glücklich!«

Diese Antwort einer »Übermutter«, die vorher und nachher noch vieles falsch gemacht hat, hat mich beeindruckt. Welche Eltern lassen sich in unserer Leistungsgesellschaft heute noch zu so einer Aussage hinreißen?

Natalie kommt uns heute hin und wieder besuchen, macht gerade mühelos ihr Abitur, hat sich eigenständig an das Jugendamt gewandt, um mit dessen Hilfe den Auszug von zu Hause zu schaffen und ist stolz darauf, weiterhin regelmäßig zu ihrer Therapie zu gehen und ihre vielfältigen Interessen jetzt zuversichtlich verfolgen zu können. Ihr Blick ist frei und, ja, sie scheint glücklich zu sein! Ihre Krankheitssymptome sind verschwunden. Glück scheint also Krankheit überwinden oder zumindest durchdringen zu können, also höherwertiger zu sein.

Ich möchte mich an dieser Stelle nicht mit Gemeinplätzen aufhalten oder gar eine Abhandlung über das Glück schreiben, was den Rahmen dieses Buches sprengen würde. Dies haben viele andere bekannte Autoren eindrucksvoll und erfolgreich getan. Nennen möchte ich nur einige wenige, die mir aus der Fülle der Möglichkeiten im Gedächtnis geblieben sind und mich ein Stück begleitet haben auf meinem bisherigen Lebensweg.

A.S. Neill wäre hier zu nennen mit seinem Buch über »Antiautoritäre Erziehung«[22], den ich mit vierzehn Jahren gelesen habe, und der für mich als junges, pubertierendes Mädchen eine Offenbarung war. Seine damals radikalen und oft missverstandenen Aussagen über eine Erziehung des Kindes in Freiheit und Liebe und unter Achtung seiner ganz besonderen Persönlichkeit haben für mich bis heute Bedeutung, wenn ich an meine Kinder und Enkelkinder und auch an meine Schüler denke und mit ihnen umgehe. Demnach ist glücklich, wer sich frei entfalten und seinen Neigungen und Interessen entsprechend entwickeln darf, ohne von wohlmeinenden Erwachsenen ausgebremst zu werden, die vielleicht hehrere Ziele für ihr Kind im Auge haben. Während meiner Pädagogik-Prüfung zum Beginn meines Studiums – ich hatte entgegen aller Gepflogenheiten das Thema »Theorie und Praxis der antiautoritären Erziehung« als ein Prüfungsthema gewählt und wurde prompt darüber befragt – erwähnte ich ein Interview, in dem Neill klarstellt, dass »ein glücklicher Straßenfeger« in jedem Fall dem neurotischen Professor vorzuziehen sei.[23] Der Prüfer fragte mich daraufhin erstaunt, ob ich diese Meinung teile, und ich antwortete mit einem Ja. Für diese meine erste Prüfung an der Hochschule bekam ich eine Eins, nachdem ich zuvor nur mit Hach und Krach mein Abitur bestanden hatte und bestätigte damit wiederum eine These Neills, dass man die Dinge, für die man sich wirklich interessiert, in der Regel auch mühelos lernen kann, wenn man sie einfach tut!

Leider hat Neill nicht an Gott geglaubt, obwohl in seiner Schule nach christlichen Prinzipien gelebt und gelehrt wurde wie in kaum einer anderen, denn radikal und absolut wurden Kinder anerkannt und geliebt. Gott war für ihn ein Mittel zum Zweck, das Erwachsene in einer streng religiösen und falschen Erziehung gern benutzten, um Kinder zu ängstigen und zu unterdrücken, insbesondere auch im Hinblick auf ihre Sexualität, die im Unterschied zu heute, da Aufklärungsreihen schon in der Grundschule Thema sind, eher tabuisiert wurde. Im Hinblick auf Gott aber irrte der ansonsten geniale Pädagoge, denn Gott ist keiner, der dem Glück des Menschen im Wege steht oder ihn zum Genussverzicht in jeder Hinsicht anhält!

Im Gegenteil: Gott hat seine wunderbare Welt erschaffen auch für uns, damit wir uns daran erfreuen können. Mein Garten ist für mich eine Oase des Glücks, ich kenne und bewundere jedes Pflänzchen, das sich dort entfaltet, genieße nach der Schule die Farbenpracht meiner Tulpen oder das Meer von Sommerblumen, in dem u.a. meterhohe Malven zu bestaunen sind. Wie konnte diese geballte Pracht nur aus diesen winzigen Samenkörnchen entstehen? Wie kann man nicht an Wunder glauben, wenn man sie täglich sieht? Im Lukasevangelium schreibt der Evangelist im 13. Kapitel: »Wie geht es zu, wenn Gott seine Herrschaft aufrichtet? Womit kann ich das vergleichen? Es ist wie bei einem Senfkorn, das ein Mann in seinem Garten in die Erde gesteckt hat. Es geht auf und wächst und wird ein richtiger Baum, in dessen Zweigen die Vögel nisten können.«[24]

Wir haben die unendliche Natur, das Meer und die Sonne, auch wenn letztere in unseren Breiten sich aktuell recht häufig hinter dicken Wolken versteckt. Wenn sie dann aber doch scheint, rennen wir begierig hinaus, lassen uns wärmen und fühlen uns sogleich irgendwie »glücklicher«. Der bereits eingangs zitierte Autor Francois Lelord (vgl. Kap. 1) bestätigt dies. Und er benennt andere konkrete Beispiele, die glücklich machen, wie ich nur gerne aus eigener Erfahrung bestätigen möchte. Glücklich ist man, wenn man sich lebendig fühlt, wenn man richtig feiert, ein leckeres Bier genießt oder ausgelassen tanzen kann, also sich seines Körpers und seiner Beweglichkeit bewusst ist und den Rhythmus der Musik verinnerlicht. Gerade habe ich mit meinem Mann zusammen die Tanzshow »Let's dance« von Woche zu Woche verfolgt, bei der zehn Prominente ausgewählt werden, die jeweils einen Profitänzer an die Hand bekommen und mit diesem verschiedene Tänze nach selbstgestalteten Choreographien bewältigen müssen und von Jury und Publikum anschließend bewertet werden. Vor wenigen Tagen habe ich beim Finale mitgefiebert. Vieles an dieser Show mag man zu Recht fragwürdig finden, faszinierend anzusehen sind jedoch die Entwicklungen der Laientänzer und der Tanzpaare insgesamt, wie sie mehr und mehr zum Team werden, wie aus Nichttänzern hier und da fast Profis werden, die allmählich ihre Körperlichkeit, ihre Bewegung und Ausstrahlung positiv verändern, und deren Lust am Tanzen den Zuschauer unmittelbar in seinen Bann zieht. Hier ist Lebensfreude pur zu sehen!

Glück liegt also mehr im Sein als im Haben, wie Erich Fromm bereits vor etlichen Jahrzehnten festgestellt hat. In seinem Buch »Haben oder Sein« werden im Umschlagtext die wesentlichen Thesen zusammengefasst. »Der Modus des Habens, der sich auf materiellen Besitz konzentriert, auf Gewinnsucht, Macht, Aggression« führe zu »Gier, Neid und Gewalt«, wohingegen »der Modus des Seins, der sich auf Liebe gründet, auf die Lust zu teilen und sich in wesentlicher, nicht verschwenderischer sondern schöpferischer Tätigkeit ausdrückt« [25], der eigentlichen Bestimmung des Menschen entspräche, wie sie nach meiner Ansicht von Gott gedacht ist. Nur im

Sein bewegt sich der Mensch auf das Reich Gottes zu und hilft bei seiner Erschaffung.

Dass wir Menschen immer dazu neigen, auch Teile dieser Erde auf vielfältige Weise zu zerstören, zu verwüsten und zu Kriegsschauplätzen zu erklären, dafür können wir Gott nicht verantwortlich machen. Er hat uns die Erde untertan gemacht und damit die Freiheit gegeben, sie zu gestalten. Vielleicht hatte er sich hier und da mehr von dieser Entscheidung versprochen, aber da die Freiheit im christlichen Glauben ein ganz wichtiger Aspekt ist, ein Juwel, wie ich finde, den man in anderen Religionen vergeblich sucht, müssen wir eben mit den Konsequenzen leben, wenn wir auf den Ruf »Adam, wo bist du?« nicht reagieren. Gott ist keine Fee, die Wünsche erfüllt und Unheil verhindert. Insofern ist die so häufig gestellte anklagende Frage, warum Gott, wenn es ihn denn gibt, auf dieser Welt so viel Leid zulässt, vom Ansatz her schon falsch. Gott ist nicht kalt und unbarmherzig. »Die Frage nach dem Sinn von Leid stellt sich aber ganz anders, wenn man die Gewissheit hat, dass Gott selbst Mensch geworden ist und aus Liebe zu den Menschen nicht nur scheinbar, sondern wirklich entsetzlich als Mensch gelitten hat, um uns dauerhaft von allem Leid zu erlösen. Der Gott, an den die Christen glauben, ist kein bloß kalt allmächtiger, sondern ein leidenschaftlich mitleidender«[26], den wir also am Kreuz finden, wenn wir aus der Angst und Not heraus nach Gott fragen!

Auf ewig verführt

Meine drei Kisten stehen nebeneinander in einer Ecke meines Arbeitszimmers. Gelb, lila und weiß. Sie sind die Auserwählten. Es gibt keine Kisten davor und es wird keine mehr danach geben. Sie beinhalten drei Geschichten, die auch unabhängig voneinander erzählt werden könnten. Was haben sie miteinander zu tun? Was haben sie gemeinsam?

So fragt mein Mann, mein zurzeit einziger Interessent, Leser und Kritiker. Und ich muss über die Antwort nachdenken, scheint sie doch von eminenter Bedeutung zu sein. Ich könnte in jede Kiste eine Ausgabe der Heiligen Schrift legen, um zu betonen, was die Geschichten verbindet. Er ist es, Gott, der ewige Verführer, der allen Geschichten innewohnt, neue Kapitel aufzeigt und initiiert, lenkt und begleitet. Er ist es, von dem ich, einmal auf seinen Ruf gehört, nicht lassen kann, der den Tod überwunden, hinaufgefahren gen Himmel und wieder herabgestiegen ist, freiwillig, heruntergekommen zu den Menschen, zu mir, zu meiner Erlösung. Er ist hier unten bei mir und so erlebe ich ihn, ganz Gott und doch ganz Mensch, mit mir auf einer Ebene, zum Zwiegespräch bereit, mit mir ringend und mich immer wieder aufsuchend, ohne mich dabei zu bedrängen oder gar gegen meinen Willen zu überwältigen. Ich kann ganz ruhig sein, mich durch das Leid tragen lassen und das Glück genießen.

19
1. Petr. 5, 7

20
2. Mose/ Exodus 15, 26

21
1. Mose/ Genesis 3, 9

22
A.S. Neill, Theorie und Praxis der antiautoritären Erziehung, Hamburg 1969

23
Ebd., S.?

24
Luk. 13, 18, 19

25
Erich Fromm, Haben oder Sein, Stuttgart 1976

26
Manfred Lütz, Gott – eine kleine Geschichte des Größten, Knaur Taschenbuchausgabe, München 2009, S. 236

Impressum

Birgitt Schubert
Reise nach Bethlehem
Erzählung

ISBN Buch: 978-3-95683-133-1
ISBN E-Book PDF: 978-3-95683-134-8
ISBN E-Book epub: 978-3-95683-135-5

Lektorat: Manuela Weitz
pegasus-text@web.de
Umschlaggestaltung: Ralf Böhm
info@boehm-design.de • www.boehm-design.de

Würzburger Straße 23 • D-63639 Flörsbachtal
info@klecks-verlag.de • www.klecks-verlag.de

übernimmt deshalb keinerlei Verantwortung und Haftung für etwa vorhandene Unstimmigkeiten.

Bibliografische Information der Deutschen Nationalbibliothek: Die Deutsche Nationalbibliothek verzeichnet diese Publikation in der Deutschen Nationalbibliografie; detaillierte bibliografische Daten sind im Internet über http://dnb.d-nb.de abrufbar.

Leseempfehlung ...

Anneliese Axthelm

Mein Hochzeitstag und das neue Leben eines Anderen

Erzählung

Taschenbuch • 13 x 20 cm • 238 Seiten
Buch: 13,80 € • E-Book: 10,99 €
ISBN Buch: 978-3-944050-26-3
ISBN E-Book PDF: 978-3-944050-27-0
ISBN E-Book epub: 978-3-95683-107-2

Eine junge Frau lässt sich typisieren, ohne zu wissen, was Jahre später auf sie zukommt, als sie für einen Leukämiepatienten zunächst für eine Bestätigungstypisierung angefordert wird. Eine Herausforderung für sie und ihre Familie.

Zum gleichen Zeitpunkt erkrankt ein junger Mann an Leukämie. Eine Tragödie, wie nur der weiß, der so etwas in seinem Umfeld oder selber erlebte.

Gedacht ist das Buch als Dankeschön an die vielen Spender, die zum Teil mehrfach für einen, ihnen unbekannten Leukämiepatienten gespendet haben, um diesem die Hoffnung auf Heilung und eine 2. Chance zum Leben geben.

Den Leukämiepatienten gibt dieses Buch Kraft zum Durchhalten, denn sie gehen durch die Hölle.

Leseempfehlung ...

Beate Meidinger

Und übrig bleibt ein Phönix

Roman

Taschenbuch • 13 x 20 cm • 193 Seiten
Buch: 10,80 € • E-Book: 7,99 €
ISBN Buch: 978-3-95683-070-9
ISBN E-Book PDF: 978-3-95683-071-6
ISBN E-Book epub: 978-3-95683-141-6

»... Jetzt kann ich dich sehen, du Krebs. Jetzt hast du ein Gesicht. Ein kaltes Gesicht. Ein einsames, ein geliehenes Gesicht. So machst du dich dann sichtbar, in Form eines kahlen Schädels. Schau sie dir an, Krebs. Schau hin, wie sie lächelt. Schau hin, schau in ihr schönes Gesicht. Sie lächelt und du nimmst es ihr nicht, ihr nicht und mir auch nicht. Nimm dir einen anderen Körper, ein anderes Lächeln. Hau ab! ...«

Nein! Das ist definitiv nicht Marias Jahr. Sie verliert ihren Job – ihren geliebten – bei Menschen, die sie für Freunde hielt. Diese Enttäuschung ist kaum auszuhalten. Doch dann passiert etwas, das alles andere unwichtig werden lässt. Bei ihrer Tante Luise wird Krebs diagnostiziert ...

Aber aufgeben? Niemals!

Mit Himbeer-Sahne-Torte und einem heilenden Lachen in den ungünstigsten Augenblicken stellen sich die beiden Frauen der Schlacht ... auf Leben und Tod!

Leseempfehlung ...

Rita Maffini
Triplum/Drei Leben, ein Weg.
Roman

Taschenbuch • 13 x 20 cm • 407 Seiten
Buch: 16,80 € • E-Book: 12,99 €
ISBN Buch: 978-3-95683-050-1
ISBN E-Book PDF: 978-3-95683-051-8
ISBN E-Book epub: 978-3-95683-188-1

Ein Blickkontakt zwischen Margot Truasiem und Marius Fuerster reicht, um die Welt Margots gänzlich auf den Kopf zu stellen. Das Problem nur: Margot ist 75, der junge Künstler gerade einmal 19. Und doch: so viel Vertrautheit, ein merkwürdiges Gefühl der Verbundenheit ... und dann diese Träume.

Margot sucht Rat bei einem Schamanen – und ihr wird das Geheimnis des Triplums offenbart ...

Gibt es ein Leben nach dem Tod? Wie viele Chancen bekommen wir? Um zu leben, zu lieben, wahrhaft gut zu sein?